PETER MÜLLER • Die Seele laufen lassen

PETER MÜLLER

Die Seele laufen lassen

Pilgertage und spirituelle Wanderungen

KÖSEL

Von Peter Müller bei Kösel:

Leben spüren

Mein spiritueller Fastenbegleiter

184 Seiten, zahlreiche Abbildungen, kartoniert
ISBN 3-466-36518-X

ISBN 3-466-36649-6

Druck und Bindung: Kösel, Kempten
Umschlag: Kaselow Design, München
Umschlagmotiv: Mark Nelson. Picture Press

Inhalt

II. Teil

»Gib deiner Seele Zeit!«

Von der Notwendigkeit einer »Aus-Zeit«

»Lieber auf neuen Wegen stolpern,
als auf der Stelle treten.«

Rolf Tolzmann

Vertraute Wege haben ihre Reize. Wir fühlen uns auf ihnen sicher, die Orientierung fällt uns leicht. Doch das ist nur ein Teil unserer Bedürfnisse, der andere Teil in uns heißt »Sehnsucht«, denn »unruhig ist des Menschen Herz«. Diese Sehnsucht erleben wir einerseits als innere Unruhe im Blick auf eine aktuelle, oft unbefriedigende Situation und andererseits als ein inneres Hoffen, ein Gespanntsein auf Veränderung, auf neue Erlebnisse, Eindrücke und Erfahrungen. Spürbar wird diese Sehnsucht in Zeiten, in denen zunächst nichts vom Gewohnten abzuweichen scheint, dann aber sich der (Berufs-) Alltag als über die Maßen belastend erweist. Sicher kennen Sie solche Situationen: Sie sind beruflich sehr eingespannt, Überstunden häufen sich, Sie schlafen unruhig – aber auch weniger, Sie leiden unter Kopfschmerzen und Verspannungen und haben wenig Zeit für die Familie; immer öfter sagen Sie zu sich: »Ich weiß nicht mehr, wo mir der Kopf steht. Zurzeit geht es wieder einmal drunter und drüber«. Sie haben das Gefühl: »Alle wollen immer irgendetwas von mir«. Sie sind eine gefragte Person – doch mit der Zeit wird es Ihnen zu viel und vielleicht sagen Sie sich manchmal: »Ich werde ausgenutzt!« In solchen Situationen möchten Sie manchmal alles liegen und stehen lassen. Sie wünschen sich, dass Sie endlich einmal durchatmen, zur Ruhe kommen, einfach abschalten können. Denn die im letzten Urlaub gesammelte Energie ist verbraucht. Die Anforderungen und die Hektik des »normalen« Alltags haben Sie eingeholt. Ihr Lebensrhythmus wird überwiegend bestimmt von vorgegebenen beruflichen, sozialen und kulturellen Strukturen, durch Leistungsanforderungen und Zweckdenken, aber auch durch selbst auferlegte Ansprüche und die eigenen physischen und psychischen Grenzen. Sie fühlen sich gestresst, das heißt, gehetzt, nervös, unter Druck, ärgerlich, ängstlich, enttäuscht, eingeengt, überfordert und ausgelaugt. All das sind Alarmzeichen der Seele, die diese nach außen sendet. Sie fragt: Wer kümmert sich um mich?

Am besten Sie selbst. Sie können diese Situation nur verändern, wenn Sie innehalten, den gewohnten und verpflichtenden Gang der Dinge unterbrechen, wenn Sie eine »Aus-Zeit« nehmen, um sich dem zunehmenden Druck zu entziehen.

Innehalten im Sinne einer »Aus-Zeit« kann aber heißen: Ich ziehe mich eine gewisse Zeit räumlich und geistig aus meinem stressigen Umfeld heraus. Ich will Abstand gewinnen, mich körperlich, geistig und seelisch regenerieren, mich »pflegen«, herausfinden, was mir gut tut und fragen ob die Richtung meines Lebens noch stimmt. Ohne dieses äußere und innere Verlassen des Alltags ist es oft kaum möglich, die innere Freiheit und neue Energien für eine neue Lebensorientierung zu finden. Das kann ab und zu ein bewusst gewählter Tag sein, ein Wochenende, eine Woche oder mehr, in der ich meinen »Rucksack« packe und auf eine geografische und innere Wanderschaft gehe. Innehalten ist dann mehr als nur »Halt machen«, viel mehr nehme ich mir Zeit, »Halt zu suchen« und Möglichkeiten zu entdecken »Halt zu bekommen«. Solche Unterbrechungen sind bedeutsame und orientierende »Aus-Zeiten« auf meinem Lebensweg. Sie sind vom beruflichen und alltäglichen Zweck befreite Zeiten zur persönlichen Entfaltung und Entwicklung. Zeiten, die eine Distanz ermöglichen zu alltäglichen Gewohnheiten und Verpflichtungen und die gleichzeitig die Chance eröffnen für äußere Veränderungen und innere Verwandlung. Zum Beispiel unterbreche ich die Hektik des Alltags durch bewusstes Wahrnehmen und langsames Handeln, ich unterbreche mein Sprechen durch Schweigen und Hören oder unterbreche mein erfolgsorientiertes Machen durch »Los-Lassen«, Wahrnehmen und Empfangen. Aus-Zeiten geben Raum, mich zu regenerieren und vor allen Dingen mein Leben neu zu orientieren. Aus-Zeiten sind »not-wendig«, und zwar im wörtlichen Sinn. Sie ermöglichen mir die Situation, die mich in »Not« gebracht hat, aus anderer Perspektive anzuschauen und sie zu verändern. Das bedeutet, die »Not zu wenden« und neue Lebensmöglichkeiten zu suchen, zu finden und eigenverantwortlich zu gestalten.

Zu solchen »Aus-Zeiten« möchte ich Sie einladen. Sie sind Zeiten der Regeneration und Tankstellen neuer Lebensenergie, Zeiten der Bewegung und der Ruhe, in denen ich meiner Sehnsucht nach einem glücklichen und ausgeglichenen Leben nachspüren, zu mir selbst kommen und neue Lebensmöglichkeiten entdecken kann. »Aus-Zeiten« wollen vor allem aktiv gestaltet werden. Nur dann entfalten sie ihre volle Wirkung für Körper, Geist und Seele. Eine der intensivsten Formen dazu ist das Gehen, das Wandern, das Pilgern als ganzheitliches Erleben.

Unser Leben ist ein ständiges Unterwegssein – auf realen Wegen, auf Irr- und Umwegen, mit Hindernissen und Wegweisern, mit Ge- und Verbotsschildern, mit Grenzmarkierungen und Leitplanken. Unser Leben ist ein Weg – diese Metapher ruft uns dazu auf: Sei auf der Hut, damit das Leben nicht an dir vorüberzieht, dich nicht überrollt und du mit Leib und Seele auf der Strecke bleibst. Nutze »Aus-Zeiten«, um dich aus dem Alltag auszuklinken, zu gehen, zu pilgern, gerade dann, wenn vieles dagegen spricht und dich tausend Dinge beschäftigen. Nutze sie, um immer wieder als achtsamer Sucher zu dir selbst und mit anderen unterwegs zu sein.

Ich lade Sie ein, sich »Aus-Zeiten« zu nehmen und vor der »eigenen Haustüre« zu pilgern auf den zahlreichen Jakobuswegen im deutschsprachigen Raum, in Frankreich oder in Spanien. Sie können aber ebenso gut auf anderen Wander- und alten Wallfahrtswegen pilgern. Pilgern während einer »Aus-Zeit«, das ist eine Ortsveränderung – geografisch, körperlich und spirituell. Wir verlassen unsere stresshaltige Lebensweise, die lebensorientierten Freizeitparks, aber auch unsere selbstzufriedene Behäbigkeit und gehen neue Wege. Pilgern, das ist zum einen die Einladung, sich eine »Aus-Zeit« zu nehmen, um sich neu zu erleben und zu orientieren; das ist zum anderen eine Herausforderung, die Spur zu wechseln und unterwegs zu sein zu sich selbst. Pilgern könnte so zu einer Art Gegenbewegung zu unserem Streben nach Leistung, Anerkennung, Sicherheit und Berechenbarkeit werden. Jede zeitlich begrenzte »Aus-Zeit«, jedes Pilgern hat wirksame Folgen. Es ist eine Zukunftsinvestition fürs Leben.

»Ein nicht vorstellbarer, langer Weg lag vor mir. Noch nie in meinem Leben bin ich zu Fuß eine so weite Strecke gegangen. Fast 1000 Kilometer wollte ich pilgern, von den Pyrenäen bis Santiago de Compostela und weiter nach Finisterre, dem mittelalterlichen Ende der Welt. Als ich zum ersten Mal vom Jakobsweg hörte, war in mir sogleich der Wunsch entstanden, diesen Weg zu erleben. Warum? Ich wusste es zunächst nicht ... Als ich dann unterwegs war, trat in mir eine Wandlung ein, eine Verschiebung vom Äußeren zum Inneren. Ich erlebte, dass der Weg nach Santiago auch ein Weg ist, um sich selbst zu finden.«

Carmen Rohrbach

Dieses Buch ist ein Wegbegleiter für selbst gewählte »Aus-Zeiten«. Sie finden darin keine geografisch orientierten Wanderrouten auf Jakobuswegen (dazu gibt es genügend andere Wanderführer, vgl. S. 174), aber Sie finden hier spirituelle »Wegweiser« für Ihre »inneren Wanderrouten«, für Ihr persönliches Unterwegssein als Pilger.

Im I. Teil, »Geh, denn es ist gut für dich«, finden Sie ausgewählte Überlegungen und Impulse zu den Stichworten »Sehnsucht«, »Weg«, »Unterwegssein« und »Pilgern« vor. Der II. Teil, »Gib deiner Seele Zeit«, lädt Sie mit 20 Weg-Themen ein, äußeres Unterwegssein mit inneren Wegen zu verbinden. Einführende Gedanken, Geschichten, Texte, Sprüche, Gebete, Weg-Übungen und Deutungsangebote regen Sie an, Ihren Weg zu entdecken. Wie ein roter Faden ziehen sich die Symbole »Weg« und »Pilgern«, aber auch die Gestalt des Apostels Jakobus – direkt oder indirekt – durch die spirituellen Impulse dieses Wegbegleiters. Kurze ergänzende Sachinformationen zu jedem Weg-Thema beleuchten geschichtliche, kulturelle und religiöse Aspekte des Pilgerweges und wollen seinen Sinn verdeutlichen.

Dieses Buch ist ein spiritueller Wegbegleiter. Es will Sie begleiten auf einer »Reise nach Innen«, in welch äußerer Form auch immer Sie pilgern. Ob Sie einen Tag nahe Ihres Wohnortes (»vor der Haustüre«) pilgern oder ein Wochenende, eine Woche oder mehrere Wochen. Anregungen dazu und zur praktischen Handhabung des Wegbegleiters finden Sie zu Beginn des II. Teils.

Sich auf eine äußere und innere Reise zu begeben und Neues zu erproben ist nicht leicht. Wir wissen nicht, was auf uns zukommt. Das verunsichert. Doch was bleibt als Alternative? Alles beim Alten lassen und auf der Stelle treten? Dann »lieber auf neuen Wegen stolpern« und Schritt für Schritt sicherer werden. Bekanntlich haben wir den größten Gewinn oft von den Vorhaben oder Reisen, bei denen nicht alles glatt gegangen ist, sondern bei denen wir unerwartete Schwierigkeiten bewältigen mussten. Vielleicht ermutigt Sie diese Erfahrung. Wann nehmen Sie Ihre »Aus-Zeit«? Wann schenken Sie sich einen Pilgertag oder pilgern mehrere Tage?

Rottweil, August 2003
Peter Müller

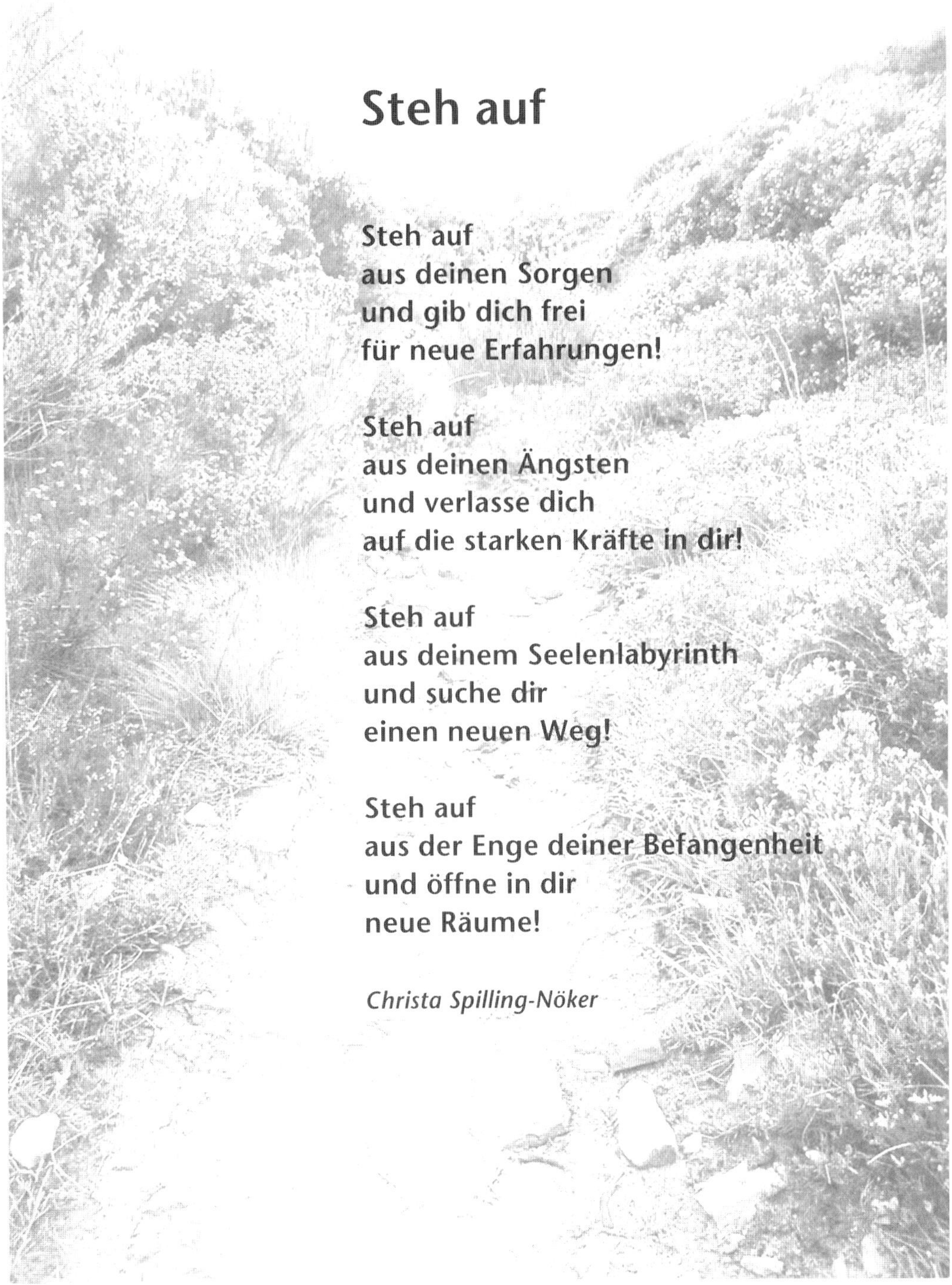

Steh auf

Steh auf
aus deinen Sorgen
und gib dich frei
für neue Erfahrungen!

Steh auf
aus deinen Ängsten
und verlasse dich
auf die starken Kräfte in dir!

Steh auf
aus deinem Seelenlabyrinth
und suche dir
einen neuen Weg!

Steh auf
aus der Enge deiner Befangenheit
und öffne in dir
neue Räume!

Christa Spilling-Nöker

I. TEIL

»Geh, denn es ist gut für dich«

Unterwegs sich verwandeln

Suchreise

Es war einmal eine Frau, die von der Frucht des Himmels gehört hatte. Sie begehrte sie und fragte einen bestimmten Derwisch, den wir »Sabar« nennen wollen: »Wie kann ich zu dieser Frucht kommen, sodass ich unmittelbare Erkenntnis erlange?«

»Das Beste wäre, bei mir zu lernen«, sagte der Derwisch. »Aber wenn Ihr das nicht wollt, müsst Ihr wohl die Welt durchwandern, zielbewusst und ruhelos.«

Sie verließ ihn und suchte einen anderen Gelehrten auf, Arif, und später Hakim, den Weisen, und danach Majzub, den Narren, und schließlich Alim, den Naturwissenschaftler, und noch viele mehr ... Dreißig Jahre vergingen bei dieser Suche. Schließlich kam sie zu einem Garten. Da stand der Baum des Himmels und in seinen Zweigen die leuchtende Frucht des Himmels. Neben dem Baum stand Sabar, der erste Derwisch. »Warum habt Ihr mir nicht gesagt, als wir uns das erste Mal trafen, dass Ihr der Hüter der Frucht des Himmels seid?«, fragte sie. »Weil Ihr mir damals nicht geglaubt hättet. Außerdem trägt der Baum nur einmal in dreißig Jahren und dreißig Tagen Frucht.«

Am Anfang steht die Sehnsucht

Viele Menschen sind fasziniert vom Wandern auf heimischen Wegen, auf Fernwanderungen und Jakobuswegen. Wandern, »Auf-dem-Weg-Sein« ist aber auch ein Sinnbild für unser Leben. Menschen brechen immer wieder auf und wandern, bisweilen zielbewusst und oft ruhelos in die Welt, um den Sinn ihres Lebens zu finden. Für die Frau in unserer orientalischen Geschichte (vgl. S. 17) vergingen »30 Jahre« bis sie die »Frucht des Himmels« fand. Das heißt, sie war ständig unterwegs und herausgefordert, nahe dran und wieder enttäuscht, hoffnungsvoll und niedergeschlagen ... Eine lange Wanderzeit, um dann am Ziel zu erkennen, hier war ich schon einmal und doch bin ich nicht die Gleiche wie zu Beginn der Wanderschaft. Um »unmittelbare Erkenntnis zu erlangen«, bedarf es anscheinend einer langen Suchreise, in der viel an äußerer Veränderung und innerer Verwandlung geschieht. Manche »Frucht des Himmels« braucht eben lange Zeit, um für mich und in mir zu reifen.

Was treibt Menschen an, immer wieder aufzustehen und aufzubrechen zu einer »Suchreise«? Die einen vielleicht die Unzufriedenheit mit ihrer Situation, andere der Drang, aus belastenden Strukturen oder ihrem stressigen Lebensrhythmus auszubrechen, die nächsten die Freude an einem möglichen Neuanfang. Wieder andere brechen auf, weil sie spüren, dass sie nur so einen Weg aus ihrer existenziellen Krisensituation finden können. Sie alle verbindet mehr oder weniger die Frage: Wozu lebe ich? Damit fragen sie nach dem Sinn und sie begeben sich auf die Suche nach Orten und Zeiten, nach neuen Erfahrungen und Antworten. Fragende Menschen sind offen für neue Sinnhorizonte. Wenn der Verstand fragt und die Seele sucht, dann bekommt das Herz oft Beine und Menschen machen sich auf den Weg. Sie brechen auf, um Antworten zu finden auf die Fragen ihres eigenen Lebens. Hinter allen Beweggründen und dem Drang aufzubrechen, steht eine Sehnsucht. Die Dichterin Nelly Sachs meint sogar: »Alles beginnt mit der Sehnsucht«. Getragen von Hoffnung und Vertrauen verbindet sie uns mit der Zukunft. In der Sehnsucht ist etwas enthalten, was wir im Moment als »erstrebenswert« oder als »fehlend« erleben, um ein sinnvolles und glückliches Leben zu führen. Eine Sehnsucht ist kein konkreter Wunsch. Müssen wir doch oft erkennen, dass die Dinge, die wir uns wünschen, nicht unbedingt die Dinge sind, die wir auch brauchen. Wer von Wunscherfüllung zu Wunscherfüllung eilt, wird gierig und bemerkt nicht, was mit seinem Leben passiert. Sehnsüchte wollen beachtet und ernst genommen werden. Sie sind eine ständige Herausforderung, denn Sehnsüchte sind ganzheitlich und wenig konkret: Die Sehnsucht nach Liebe, nach Heimat, Geborgenheit, Ferne oder Weite, aber auch nach Sinn, einem »ganz anderen Leben« oder einfach nach Ruhe. Diese emotionale Breite bestärkt unser Wissen, »dass die Sehnsucht als Ganze letztlich unerfüllbar bleibt und immer nur partiell erfüllt werden kann« (Verena Kast, Aufbrechen und Vertrauen finden, Freiburg 2001, S. 69). Doch in ihr steckt eine ungeheure Kraft. Sie lässt uns nicht mehr los. Sie ist der Anfang aller Veränderung und Verwandlung.

Ent-decke dein inneres Potenzial

Ent-decke den Kern, aus dem alles hervor springt oder fließt
Ent-decke den Kern, der dein Leben prägt

Ent-decke die Quelle, aus der alles hervor sprudelt,
Die in dir entspringt

Ent-decke die Kraft, die in dir ruht

Ent-decke die Flamme, die in dir lodert
Ent-decke das Feuer, das in dir brennt
Ent-decke den zündenden Funken,
Die zündende Flamme,
Die zündende Idee

Alles das führt dich zu der Kraft,
zu der Energie, die sich in dir ausbreitet,
die deinem Leben entströmt, sich verströmt.

Joachim Cruse

Die Auslöser, warum Menschen sich heute eine »Aus-Zeit« nehmen und zu einem »Pilgertag«, zu einer mehrtägigen Pilgerwanderung oder zu einer noch längeren Pilgerreise aufbrechen, ergeben sich häufig aus belastenden Lebensstrukturen, festgefahrenen Gewohnheiten, krisenhaften Lebenssituationen, einer widersinnlichen Lebensweise oder Lust an Neuem. Eine erste innere Unruhe verbindet sich mit dem zunächst leisen Ruf einer Sehnsucht, einem Ruf, der im Alltag immer lauter wird: der Wunsch, wieder Zeit für sich selbst zu haben; die Sehnsucht, einfacher zu leben, wieder ein Ziel zu haben; das Bedürfnis, sich aus Fesseln, eingefahrenen Gewohnheiten und Alltagstrott zu befreien; das Gefühl, dass es noch etwas anderes im Leben geben muss; der Drang, ganzheitlicher zu leben, neue Einsichten zu gewinnen, das eigene Leben neu zu ordnen und in Balance zu bringen.

»Das unruhige Herz ist die Wurzel der Pilgerschaft« (Augustinus). Diese unruhige Sehnsucht treibt uns aus dem Einerlei des Alltags heraus. Ja, sie braucht räumliche Distanz und Zeit, um in uns wirken zu können. Sie will nicht nur verändern, sie will verwandeln, denn »Sehnsucht ist der Anfang aller Wandlung. Und dies ist etwas ganz anderes als Veränderung. Die Veränderung ist etwas für Macher, Planer und Aktivisten (und in bestimmten Situationen durchaus hilfreich P.M.). Wandlung wird nicht gemacht: Sie geschieht. Wandlung ... arbeitet ... bedächtig und leise. Denn was wächst, macht keinen Lärm« (Anselm Grün, Buch der Sehnsucht, Freiburg 2003, S. 100).

»Ultreia – Auf geht's, vorwärts, immer weiter nach Santiago!« – so lautet der Ruf des Jakobuspilgers. Sehnsüchtig, das heißt voller innerer Gespanntheit, drängt er zum Aufbruch.

»Ultreia!« – das gilt jedoch auch für den inneren Weg: »Auf geht's zu dir selbst!« Wer losgeht, verlässt die vertraute, sichere Umgebung und geht in die Fremde. Er lässt los, er erfährt sich in neuen Begegnungen, stellt bisherige Erfahrungen in Frage und wird offen und frei für neue Erfahrungen. Doch bei all dem bleibt – ob er nun einen Tag, eine Woche oder länger unterwegs ist – die ständige Frage »Was ist meine tiefste Sehnsucht?« Die Antwort darauf braucht Zeit, sie muss wachsen dürfen. Der Weg schenkt uns eine Wachstumschance. Es kommt nur darauf an, in welcher Haltung wir aufbrechen und gehen. Gehen wir den Weg »nur« aus sportlichen und gesundheitlichen Gründen, gehen wir nur oder lassen wir uns mit Erfahrungen für Körper, Geist und Seele beschenken? Denn während wir pilgernd bzw. wandernd unterwegs sind, lockern sich Verkrampfungen, wir werden körperlich und geistig beweglicher, werden aufmerksamer für andere, für die Umwelt, für uns selbst und für Gott. Unsere Sehnsucht bekommt Füße, sie wird konkreter, sie relativiert unsere Sorgen und Probleme, sie macht uns freier. Daher gilt: »Trau deiner Sehnsucht – und in ihr wirst du heitere Gelassenheit erfahren« (Anselm Grün, Buch der Lebenskunst, Freiburg 2002, S. 193).

Unterwegs zur Verwandlung

Eine Veränderung ist nie einfach, Paola. Das weiß ich aus eigener Erfahrung. Sie wollen mit aller Kraft am Altbekannten fest halten, aber Sie wollen sich auch mit aller Kraft ändern und der Stimme Ihres Herzens folgen. Das kann ganz schön hart werden. Aber denken Sie immer daran: Das Schlimmste, was Sie tun können, ist, Ihr Leben zu vergeuden, indem Sie nichts tun und sich nie entscheiden. Das Leben ist voll von solchen schwierigen Entscheidungen. Immer wenn Sie eine Tür öffnen, schließen Sie eine andere. Und doch müssen wir am Ende zu unseren Entscheidungen stehen und danach leben ...

Sergio Bambaren

Unterwegs zu einer neuen Lebenshaltung

Der spanische Dichter Antonio Machada (1875–1939) erinnert in dem untenstehenden Gedicht an eine selbstverständliche Erfahrung. »Schritte werden Weg« – im Wort »Weg« steckt »bewegen«. Ständig bin ich zeitlich und räumlich, äußerlich und innerlich in Bewegung. Ich bin unterwegs, mein Leben ist ein Weg. Mit dem Bild vom »Weg« wird menschliches Dasein hilfreich umschrieben und gedeutet. Leben entfaltet sich unterwegs Schritt für Schritt. »Wege, die ich gegangen bin, kann ich nie wieder schreiten«. Ich muss neue Wege gehen oder alte Wege wieder begehen und neu erfahren.

»Wanderer, Weg gibt es nicht, Weg wird Schritt für Schritt.
Schritte werden Weg,
und im Blick zurück
siehst du den Pfad,
nie wieder zu schreiten.«

Das Leben als Weg

Der »Weg« ist ein uraltes Symbol menschlichen Lebens, das wir in vielen Religionen finden. Soweit sie sich auf einen Stifter berufen, erweist er sich als Lehrer des Weges (z.B. Buddha lehrt den »achtfachen Weg«) oder bezeichnen sich – wie Jesus von Nazareth – selbst als Weg (Joh 14,6). Die frühen Christen benutzten das Wegsymbol gar als Selbstbezeichnung und nannten sich »Anhänger des (neuen) Weges« (Apg 9,2 u.a.). »Der neue Weg« – das war ihr Glaube und die Art und Weise, wie sie ihn lebten. Sie sagten damit: Unsere Erfahrungen kann man nur verstehen, wenn man sich auf einen Weg begibt, sich ihm anvertraut und eigene Erfahrungen sammelt in der Gewissheit, »du bist auf diesem Weg nicht allein, viele gehen ihn mit dir. Es geht dir einer voraus: Jesus Christus ... das Kennzeichen am Christusglauben ist nicht, dass er ein Glaube, sondern ein Weg ist. Du kannst ihn nicht lernen und auswendig hersagen, du musst ihn gehen. Du selbst« (Jörg Zink, Die goldene Schnur. Anleitung zu einem inneren Weg, Stuttgart 1999, S. 19).

»Weg« als Metapher für unser Leben umfasst alles, was uns bewegt und bedrängt, wer uns begegnet und was uns geschieht, was wir erkunden und erleiden, anstreben und erreichen, festhalten und loslassen, zulassen und verändern. Das Leben ist ein Weg, und es beruht im Wesentlichen auf Erfahrungen, die wir unterwegs sammeln. Dazu gehören die prägenden körperlichen, geistigen und seelischen Erfahrungen des Aufbrechens, des Unterwegsseins, der Gefahren, der Irr- und Umwege, der Begegnungen, der Veränderung, des Gehens auf ein Ziel hin, des Ankommens und der Rückkehr.

Das Wort »Weg« ist sprachlich auch mit »Sinn« verwandt. Sich nach etwas auf den Weg machen heißt: auf etwas sinnen, seinen Sinn er-gehen, ihn Schritt für Schritt er-fahren wollen. Das Leben ist ein Weg: Die Metapher lädt uns als Suchende, als Wanderer, als Pilger ein, uns aus erstarrtem Denken und Verhalten herauszuwagen, uns zu bewegen zu lassen von der Sehnsucht nach dem Sinn unseres Daseins.

Viele Wege – auch Strecken entlang alter Jakobuswege – sind mittlerweile zu asphaltierten Straßen geworden mit vielen Wegweisern, Ge- und Verbotsschildern, mit Grenzmarkierungen und Leitplanken. Ob bei der Fahrt zum Ausgangsort einer Wanderung, im Stau oder beim Wandern auf Straßen – hier können wir allerhand erleben: Gefahr und Stress, Egoismus und Fairness, Kaltschnäuzigkeit und vornehme Aufmerksamkeit. Straßen und asphaltierte Wege decken Leben zu oder lassen es nur an aufgebrochenen Stellen und am Rande zu, wenn ein Same die kleine Chance nutzt, um sich zur Blume, zur Pflanze zu entfalten. Sie schränken ein, charakterisieren den »Zug nach vorn« und die Flüchtigkeit menschlicher Beziehungen. Ist die asphaltierte Straße so nicht auch ein Abbild unseres Lebens? Jedenfalls macht sie uns darauf aufmerksam, die Art und Weise menschlichen Zusammenlebens – während unseres Pilgerns und im Alltag – neu zu bedenken und »Leben« nicht nur an Bruchstellen oder am Rand zuzulassen.

Das Leben als Weg. Dieses Bild beschreibt Lebenswirklichkeit, benennt Lebenserfahrungen und deutet Lebenssituationen. Die Metapher mahnt uns: Sei auf der Hut, damit das wirkliche Leben – ob in Beruf, Familie oder Freizeit – nicht an dir vorüberzieht, dich nicht überrollt und du mit Leib und Seele auf der Strecke bleibst. Lade dir nicht zu viel auf bzw. wirf rechtzeitig unsinnige Lasten ab. Sei aufmerksam mit allen Sinnen, um unterwegs loslassen zu können und frei zu werden. Damit bist du auf dem Weg zu deiner Mitte. »Der Wanderer«, eine Erzählung aus der persischen Mystik, deutet diese Erfahrung auf anschauliche Weise:

Auf einer scheinbar endlos langen Straße zog einst mühselig ein Wanderer entlang. Er war über und über mit Lasten behangen. Ein schwerer Sandsack hing an seinem Rücken, um seinen Körper war ein dicker Wasserschlauch geschlungen. In der rechten Hand schleppte er einen unförmigen Stein, in der linken einen Geröllbrocken. Um seinen Hals baumelte an einem ausgefransten Strick ein alter Mühlstein. Rostige Ketten, an denen er schwere Gewichte durch den staubigen Sand schleifte, wandten sich um seine Fußgelenke. Auf dem Kopf balancierte der Mann einen halbfaulen Kürbis. Bei jedem Schritt, den er machte, klirrten die Ketten. Ächzend und stöhnend bewegte er sich Schritt für Schritt vorwärts, beklagte sein hartes Schicksal und die Müdigkeit, die ihn quälte.

Auf seinen Wegen begegnete ihm in der glühenden Mittagshitze ein Bauer. Der fragte ihn: »Oh, müder Wanderer, warum belastest du dich mit diesen Felsbrocken?« – »Zu dumm«, antwortete der Wanderer, »aber ich hatte sie bisher noch nicht bemerkt.« Darauf warf er die Brocken weit weg und fühlte sich viel leichter. Wiederum kam ihm nach einer langen Wegstrecke ein Bauer entgegen, der sich erkundigte: »Sag, müder Wanderer, warum plagst du dich mit dem halbfaulen Kürbis auf dem Kopf und schleppst an Ketten so schwere Eisengewichte hinter dir her?« Es antwortete der Wanderer: »Ich bin sehr froh, dass du mich darauf aufmerksam machst; ich habe nicht gewusst, was ich mir damit antue.« Er schüttelte die Ketten ab und zerschmetterte den Kürbis im Straßengraben. Wieder fühlte er sich leichter. Doch je weiter er ging, umso mehr begann er, wieder zu leiden. Ein Bauer, der vom Feld kam, betrachtete den Wanderer erstaunt: »Oh, guter Mann, du trägst Sand im Rucksack, doch was du da in weiter Ferne siehst, ist mehr Sand, als du jemals tragen könntest. Und wie groß ist dein Wasserschlauch – als wolltest du die Wüste Kawir durchwandern. Dabei fließt neben dir ein klarer Fluss, der deinen Weg noch weit begleiten wird!« – »Dank dir, Bauer, jetzt merke ich, was ich mit mir herumgeschleppt habe.« Mit diesen Worten riss der Wanderer den Wasserschlauch auf, dessen brackiges Wasser auf dem Weg versickerte, und füllte mit dem Sand aus dem Rucksack ein Schlagloch. Sinnend stand er da und schaute in die untergehende Sonne. Die letzten Sonnenstrahlen schickten ihm die Erleuchtung: Er blickte an sich herab, sah den schweren Mühlenstein an seinem Hals und merkte plötzlich, dass der Stein es war, der ihn noch so gebückt gehen ließ. Er band ihn los und warf ihn so weit er konnte in den Fluss hinab. Frei von seinen Lasten wanderte er durch die Abendkühle, eine Herberge zu finden.

Nossrat Peseschkian

Unterwegs neu werden

Immer mehr Menschen entdecken das Wandern als schöpferisches Erleben in der Natur und speziell das Gehen auf Jakobuswegen als Quelle spiritueller Erfahrung. Sie aktivieren damit – bewusst oder unbewusst – eines der Urbilder menschlichen Lebens: das Unterwegssein. Welche Erfahrungen verbinden wir damit?

Unterwegs:

Wir befinden uns in einer »Übergangssituation«, d.h. »zwischen« dem Ausgangsort und dem Ziel, zwischen Aufbrechen und Ankommen. Dazwischen sind wir in Bewegung, verweilen hier oder dort, begegnen anderen, sammeln Erfahrungen, müssen uns orientieren, stoßen an Grenzen. War der Start zu Beginn noch sehr wichtig, so gewinnen wir nach dem Aufbruch räumlich und innerlich immer mehr Abstand. Unsere Sinne werden sensibler, die Gedanken an daheim weniger, wir lernen lozulassen. Der Weg, seine Beschaffenheit und Kennzeichnung, Wetter und Unterkunft, Zeiteinteilung und Begegnung, vor allem aber wir selbst mit allen körperlichen und psychischen Erlebnissen rücken ins Zentrum unseres Unterwegsseins. Wir sind mit Leib, Geist und Seele in Bewegung und herausgefordert, uns dem »Dazwischensein« zu stellen, um zu erkennen, warum wir diesen und keinen anderen Weg gehen.

Unterwegs:

Da begegnen wir Neuem, das uns herausfordert, Veränderungen zu wagen. »Bewegen« und »wägen« entstammen der gleichen sprachlichen Wurzel. Wer eine Auszeit nehmen und sich auf den Weg machen will, der wägt vorher das Für und Wider ab. Und er wagt es, auszubrechen und aufzubrechen ohne sicheren Boden.

Das gilt auch für unseren Lebensweg. Immer wieder müssen wir uns aus alten Gewohnheiten und Sicherheiten herauswagen und uns auf Unbekanntes und Unsicherheiten einlassen. Im Unterwegssein wagen und erproben wir so auch die Verwandlung von uns selbst.

Unterwegs:

Da ist es wichtig, auf Wegweiser zu achten, sich an Wegkreuzungen zu orientieren und zu entscheiden. Es gibt Irrwege und Umwege, aber auch vorgegebene, ausgetretene und zugewachsene Wege. Hoffentlich keine Sackgassen. Es gilt, Berge zu ersteigen, die Aussicht zu genießen, aber auch, Täler zu durchschreiten und Tiefen auszuhalten. Das alles fordert körperliche Anstrengung. Im Unterwegssein sind wir ständig in Bewegung, da lockern sich auch körperlich-seelische Spannungen, wir werden ruhiger, werfen manchen Müll ab und laufen uns frei. Da kann sich unser Geist bewegen, wir können neue Fähigkeiten entdecken, aber auch Grenzen erkennen. Ob nun Wüstenweg oder Asphaltstraße, schattiger Waldweg oder Umweg, Pilgerweg oder Lebensweg: Unterwegs benötigen wir Wegweiser, zur Orientierung auf dem realen Weg und während des inneren Lockerungs- und Reinigungsprozesses, der durch das Gehen angestoßen wird. Wir sind eingeladen, wachsam Schritt für Schritt mit Leib, Geist und Seele unseren äußeren und inneren Weg zu finden.

Unterwegs:

Da begegnen wir anderen Menschen. Wege kreuzen sich, wir halten an oder verändern den Rhythmus unseres Gehens, wir gehen miteinander, erzählen einander und spüren unser Anderssein, sind neugierig und gleichzeitig ängstlich, zurückhaltend oder offen, entdecken Verbindendes und Trennendes. Ohne Begegnung kann kein Mensch leben. In der Begegnung überbrücken wir den Abstand zueinander, bringen aber nicht alle Distanz zum Schwinden, sondern eröffnen einen neuen Spielraum zum Leben. Wir nehmen am Leben des anderen teil und lassen teilnehmen, wir geben und empfangen, wir spüren, was uns bewegt. Jede Begegnung ist ein Wagnis. Ob sie gelingt, das hängt vor allem davon ab, mit welchen Erfahrungen, Befürchtungen und Hoffnungen wir in eine Begegnung hineingehen, wem wir begegnen und was in der Begegnung mit uns und dem anderen geschieht. Es liegt weitgehend an uns selbst, ob wir bereit und mutig sind, Begegnungen aktiv mitzugestalten, denn »alles wirkliche Leben ist Begegnung« (Martin Buber). Unterwegs können wir das neu erfahren.

Unterwegs zum Leben

Wer möchte es nicht gern
zu fassen kriegen,
das Leben, das Glück,
endlich die Gewissheit verspüren,
angekommen zu sein
im Land der Lebensträume,
dankbar »Ja« sagen zu können,
zu dem, was geworden ist,
im Laufe der Zeit.
Aber das Bleiben
ist uns nicht bestimmt.
Abschied und Aufbruch
treiben uns immer wieder
in Zeiten der Unruhe
und der Angst,
in denen wir uns
heimatlos fühlen,
von innerer Entfremdung
und Leere bedroht.

Immer neue Bereiche
wollen von uns erobert,
unerschlossene Räume
in uns selbst
behutsam aufgespürt werden,
um uns mit der in ihnen
angelegten Fülle
zu bereichern.
So bleiben wir
Suchende
und Werdende
ein Leben lang.
Im Unterwegssein
zu uns selbst
finden wir heim.

Christa Spilling-Nöker

Unterwegs:

Da gibt es Orte zum Innehalten. Die Rast am Weg, an einer Kirche, Kapelle oder Quelle, in einem Museum oder Dorf, vor einem Bauwerk oder am Rastplatz, dient dazu, neue Kräfte zu sammeln, müde oder wund gelaufene Füße zu pflegen und sich für die weitere Wegstrecke zu stärken. Solche Orte laden aber auch ein, kulturelle Interessen zu befriedigen oder spirituellen Bedürfnissen nachzugehen, sich einer Landschaft, einem Bauwerk, fremden Kulturen oder Menschen zu öffnen und sich davon anregen zu lassen. Unterwegs sind wir sensibler und empfänglicher. Nutzen wir daher solche Orte, um achtsam die eigenen Gedanken, Fragen, Träume und Schwächen wahrzunehmen und zu ergründen, was mit uns geschieht, während wir auf Pilgerwegen unterwegs sind.

Wohin?

Wohin des Wegs
Weg?
Ich weiß was du nicht weißt
sagt der Weg
es gibt weder Anfang noch Ende
sagt der Weg
Unterwegssein ist alles
sagt der Weg
kapierst du
dann meinetwegen
sagt der Weg
komm ein Wegstück mit

Evelin Hasler

Unterwegs:
Da gehen wir gemeinsam auf dem Weg. Doch unterwegs brauchen wir auch Phasen des Schweigens und des Alleinegehens. Zeiten, in denen wir Schritte, Atem, Herzschlag und Lauftempo in einen meditativen Rhythmus bringen. Im Laufen lösen sich Spannungen und Blockaden, unser Geist wird freier, wir werden ruhiger. Gehen und Meditation fließen ineinander, der Alltag ist weit weg, wir sind ganz bei uns. Wenn wir auf Jakobuswegen pilgern, dann geht zum einen jeder seinen eigenen Weg, zum anderen reihen wir uns ein in die vorgebahnten Spuren all derer, die über Jahrhunderte diese Wege gesucht und gespurt haben. Auch das ist ein Bild unseres Lebens: Jeder muss seinen Weg finden und gehen. Andere Menschen begleiten den Wandernden auf Teilstrecken, und er ist unterwegs mit den vermittelten Lebens- und Glaubenserfahrungen seiner engsten Bezugspersonen.

Unterwegs:
Da gibt es Etappenziele. Eine Strecke wurde zurückgelegt, ein Wegziel erreicht. Für Pilger auf Jakobuswegen sind das oft heilige Orte. Verweisen sie doch, z.B. durch die Darstellungen von Legenden, Figuren des heiligen Jakobus und anderer Wegheiliger auf Santiago de Compostela, auf das Ziel der Sehnsucht vieler Pilger. Solche Orte und Etappenziele – auf einer kürzeren oder längeren Pilgerwanderung oder im Leben – sind Durchgangsstationen und Erfahrungsquellen, um aufmerksamer, bewusster und reifer zu werden für den Sinn meines Lebens. Dieser lässt sich nicht verschreiben, sondern »Sinn muss gefunden werden, und er kann jeweils nur von einem selbst gefunden werden« (Viktor Frankl). Letztlich gilt das auch für das (Etappen-)Ziel Santiago de Compostela, denn »Santiago ist nicht das Ziel des Jakobusweges, es ist der Anfang« (Pilgersprichwort). Der eigentliche Pilgerweg ist das Leben.

Unterwegssein verwandelt – eine biblische Erfahrung

Dem Wegsymbol begegnen wir in den Schriften des Alten und Neuen Testamentes sehr häufig. Weisungen fordern dazu auf, mit Gott und nach seinen Geboten zu wandeln. Doch für das Volk Israel war die Erfahrung bedeutsamer, dass Jahwe ein Gott des Weges ist. Er offenbart sich immer wieder als einer, der mit den Unbehausten, denen, die heute hier und morgen dort sind, unterwegs ist. Abraham z.B. vertraut auf die Zusage Gottes, zieht weg aus seinem Vaterland und sammelt in längerem Unterwegssein vielfältige Erfahrungen mit seinem Wegbegleiter Jahwe, die ihn und sein Verhältnis zu Gott verwandeln. Was da von einem Einzelnen erzählt wird, erlebt Israel im Auszug aus Ägypten und im vierzigjährigen Unterwegssein durch die Wüste als ganzes Volk: Jahwe ist Befreier aus Knechtschaft und begleitender Weggefährte. Weg-Erfahrung und Gottes-Erfahrung verbinden sich während ihres Unterwegsseins im Glauben untrennbar. Gott ist nur unterwegs erfahrbar. Jede Gotteserfahrung bringt Bewegung, löst Fesseln, führt in die Freiheit und verwandelt.

In diesen und anderen biblischen Weg-Erzählungen können wir Etappen und Situationen des eigenen Lebensweges entdecken, vor allem deren äußere und innere Bedeutung und die Anfrage nach der Art und Weise, wie jeder Mensch sein Unterwegssein erlebt und gestaltet. Auch im Neuen Testament finden wir zahlreiche Wegerzählungen. Das öffentliche Wirken Jesu war ein Wanderleben: »Heute und morgen und am folgenden Tag muss ich weiterwandern« (Lk 13,33). Er war unterwegs, um den Menschen zu verkünden und sie erleben zu lassen, Gott ist mit und bei euch. Diese Weggeschichten sind keine Randerzählungen. Mitten aus dem Leben erzählen sie vom äußeren und inneren Unterwegssein der Menschen, vom Sinn und der Mitte ihres Daseins. Sie sprechen in Bildern, wie Menschen in Begegnungen mit ihm Befreiung erfahren und sich verwandeln. Das bekannteste biblische Beispiel, an dem äußeres und inneres Unterwegssein nachvollzogen werden können, ist die Emmauserzählung (Lk 24,13–35).

> »Der Sinn des Lebens
> ist die Entwicklung der Seele.«
>
> *Thomas Morus*

Zwei Jünger machen sich auf den Weg von Jerusalem nach Emmaus. Sie flüchten verzweifelt vom Ort ihrer zerbrochenen Hoffnungen und Erwartungen. Jesus, ihr Meister, wurde gekreuzigt und ist tot. Ihr Leben scheint in einer Sackgasse zu enden. Ein Chaos von Gefühlen – von Enttäuschung über Trauer bis zum Zorn – hat sie erfasst. Das alles treibt sie in die Flucht und ins Gespräch. Sie reden und tauschen Erinnerungen aus, zunächst fragend, dann klagend und suchend: Warum das alles? Unterwegs gesellt sich der von ihnen nicht erkannte auferweckte Jesus dazu und geht mit ihnen. Im gemeinsamen Gehen und Gespräch, durch Fragen und Deutungshilfen, lockern sich ihre körperlichen, geistigen und psychischen Verhärtungen. Unterwegs vollzieht sich die Verwandlung der beiden Jünger. Ihr innerer Weg führt von der Enttäuschung, Ratlosigkeit und »Blindheit« über die Bereitschaft Fragen zuzulassen und das Begreifen bis zur Einladung zum gemeinsamen Mahl, bei dem »sie ihn erkannten«. Die Ankunft und das Erkennen in Emmaus ist für sie keine Endstation, sondern Ausgangspunkt eines neuen Aufbruchs. Verwandelt brechen sie auf. Ihre Freude bekommt Beine. Sie kehren an den Ort (Jerusalem) zurück, an dem ihre Hoffnung zerstört wurde, und beginnen dort auf neue Weise mit anderen zu leben, jetzt aus der Erfahrung heraus: »Der Herr ist wirklich auferstanden«. Im berühmten Kreuzgang des Klosters Santo Domingo de Silos – etwas abseits vom spanischen Jakobusweg gelegen – hat ein genialer Meister (11. Jh.) in einem Relief einen Teilaspekt dieses inneren Verwandlungsweges ausdrucksstark fest gehalten (vgl. dazu Peter Müller, Wer aufbricht kommt auch heim, Eschbach, 3., überarbeitete Auflage 2001, S. 66-69).

Jedes Unterwegssein auf Pilgerwegen – wie begrenzt es auch zeitlich sein mag – vor der »Haustüre« oder in der Fremde – eröffnet neue Chancen, sich besser kennen zu lernen, anderen zu begegnen, persönlich zu reifen und sich zu verwandeln. Es ist eine Einladung, sich körperlichen, geistigen, seelischen und spirituellen Herausforderungen zu stellen und sich auf neue Erfahrungen einzulassen. Der Zielort ist ein bedeutsames Motiv, doch letztlich wird er zum neuen Ausgangspunkt für Aufbruch und Weitergehen in unserem Lebensalltag.

Ganzheitliche Pilgererfahrungen

Die wichtigsten Antworten darauf finde ich nicht in einer Definition, sondern in den eigenen Erfahrungen und denen anderer Pilger. Da notiert eine Pilgerin z.B. in einem Tagebuch: »Pilgern ist alles andere als eine romantische Form des Wanderns. Das Pilgerleben besteht aus wunden Füßen, schmerzenden Schultern, dem täglichen Ausgeliefertsein an Hitze, Kälte, Hunger, Durst. Aber ist es nicht gerade deshalb auch sehr nahe an der Realität?« (Christine Voss, Einfach immer weiter laufen, in: Das Pilgern neu entdecken, S. 8; Broschüre der evangelisch-refomierten Landeskirche und der römisch-katholischen Kirche des Kantons Zürich). Pilgern, das ist zunächst – auch ohne Blasen an den Füßen – eine zentrale »Körper-Erfahrung«. Muskeln und Sehnen angespannt, mit Haut und Haaren, Augen, Ohren, Mund und Nase, Wind, Sonne und Regen ausgesetzt, erlebe ich den Weg mit allen Sinnen, eingetaucht in die Schöpfung. Pilgern, das ist »Sinnes-Erfahrung«. Wenn ich gehe, die Vegetation, den Morgentau, die ersten Sonnenstrahlen wahrnehme; wenn ich für Nahrung sorge (das frische Brot beim Bäcker, die Düfte einer Küche oder spanischen Bar) eine einfache Unterkunft finde und dort schlafe, die geschenkte Zeit genieße, mir ab und zu etwas gönne und erkenne, mit wie wenig ich auskomme und wie gut es mir dabei geht.

Äußerliches Gehen bewegt und verändert mich auch innerlich. Im Wandern ver-wandle ich mich. Die zunehmende räumliche Distanz ermöglicht auch eine innere Distanz zu bisherigen Einstellungen. Die Vergangenheit ist nicht mehr so wichtig, psychische Verkrustungen weichen auf, ich werde empfänglicher, offener und bewusster. Pilgern führt zur »inneren Verwandlung«. Die körperliche Beweglichkeit fördert die »geistige Beweglichkeit« und schärft damit die Sinneswahrnehmung. Ich sehe die Natur und erlebe, wie Menschen damit umgehen; ich entdecke Herbergen, Kirchen, Klöster, Kunstwerke, oft vor langer Zeit geschaffen, und lerne – oft mühsam – ihre in Stein gehauene Botschaft zu entziffern, zu bestaunen und zu fragen »Was sagen sie mir heute?«

Die alten Pilgerwege sprechen tief menschliche religiöse Bedürfnisse an. Wir merken, es gibt noch andere Wege als die abgefahrenen und ausgetretenen. Wenn wir den Weg unter die Füße nehmen, hat der Weg Zeit, uns zu prägen. Wir erleben jedes Wegstück voller Achtsamkeit, Herz und Seele können bei den Dingen verweilen, die der Weg offenbart. Zu einem fernen Ziel unterwegs sein und zugleich den Weg voller Gegenwärtigkeit und Achtsamkeit gehen und leben, das ist Pilgerschaft.

Theo Bächtold

Ich gehe in die Fremde und begegne einer mir unbekannten Geschichte, einer vergangenen oder noch lebendigen Kultur, anderen religiösen Bräuchen. Pilgern wird so zu einer »kulturellen Bereicherung«, mein Horizont erweitert sich, ich werde offener und toleranter.

Anderen begegnen, miteinander gehen, reden, teilen, Erfahrungen austauschen, feiern und beten, auf Wegprobleme aufmerksam machen, Tipps geben, füreinander sorgen ... es entsteht so Nähe und Austausch über das, was mich als Pilger umtreibt. Das ist ein weiterer, wichtiger Teil des Pilgerlebens, denn Pilgern ist »Begegnung und solidarisches Handeln« mit den Menschen, mit denen ich gerade unterwegs bin. Gleichzeitig fühle ich mich verbunden mit all denen, die aus ähnlichen Motiven vor mir auf dem Weg waren.

Doch es bleibt nicht nur bei angenehmen Begegnungen. Ich kann unterwegs nicht die Augen verschließen vor den Folgen der modernen Industriegesellschaft, vor tristen Vorstädten, Industriegebieten, Müllhalden, verlassenen Dörfern, zerstörten Rastplätzen, ... Pilgern heißt auch die Realitäten menschlichen Umgangs mit der Schöpfung wahrnehmen.

Zum Pilgern gehört auch die Neugierde auf neue Begegnungen und Erfahrungen, eine gewisse Lust am Abenteuer, doch es bleibt immer eine körperliche, geistige und seelische Herausforderung. Es gibt – wie im Lebensalltag – Durststrecken, steile Aufstiege, Einsamkeit, Irrwege, fehlende Wegweiser, Krisensituationen ... Äußere und innere »Wüstenzeiten« sind Anstoß und Chance, neue Antworten für meine aktuellen Lebensfragen zu entdecken. Pilgern wird zum Weg durch Krisenzeiten.

Im Pilgern verbinde ich Körper, Sinnes- und Grenzerfahrungen. Ich gehe allein und mit anderen, erlebe Distanz zum Alltag, Einsamkeit, Fremdsein, Gemeinschaft und Gastfreundschaft. Blockaden und Verhärtungen an Leib, Geist und Seele lockern sich, meine Sichtweise, mein Standpunkt verändert sich. Ich werde offener und bereiter, die Wunden, Sehnsüchte und Energie meiner Seele wahrzunehmen, zuzulassen und mit Gott ins Gespräch zu kommen, das heißt letztlich beten. Daher kommt der Spruch »Pilgern ist Beten mit den Füßen«. Pilgern heißt »unterwegs sein zu Gott«, zu einer neuen Beziehung zu ihm und seiner Bedeutung für mein Leben.

Für mich ist Pilgern auf Jakobuswegen eine »ganzheitlich-spirituelle Einübungszeit«, eine Phase der Einübung einer neuen Haltung und inneren Einstellung gegenüber dem Leben. Offen sein, neue Erfahrungen zulassen, eigene Schattenseiten und Grenzen wahrnehmen, loslassen, nach Sinn suchen, sich beschenken lassen, dankbar sein, mich Gott anvertrauen, mich immer neu auf den Weg machen. Letztlich gilt: Mein Leben ist ein ständiges Pilgern, sowohl auf Jakobuswegen – als Zeit der Einübung, als Quelle der Zuversicht und Energie – als auch im Alltag des Lebens.

Peregrinatio – auf Pilgerschaft sein

Den Ursprung des Wortes »Pilgern« finden wir im lateinischen »peregrinatio«. Das bedeutet zunächst »jenseits des (eigenen, heimatlichen) Ackers«, in der Fremde herumziehen, fern von Haus und Vaterland zu leben. »Peregrinatio« ist ein Zustand des Fernseins, der Abwesenheit und zugleich der Vorgang des Wanderns und Reisens in der Fremde. In der vorchristlichen Antike war »peregrinus« zunächst nicht religiös, sondern juristisch besetzt. Bezeichnet wurde damit der Fremde, der keinem verbündeten Staat angehörte. Als Fremder war er aber auch immer der Feind, der Vogelfreie und Rechtlose. Er war immer im Elend, und erst die antiken Religionen entwickelten daraus das Gebot, dem rechtlosen, elenden Fremden Gastfreundschaft zu gewähren, da er unter dem besonderen Schutz der Götter stehe. Die christliche Deutung übernahm diesen Armutsgedanken und übertrug ihn auf Jesus, der sich als Fremdling bezeichnete, der keinen Ort hat, »wo er sein Haupt hinlegen kann« (Lk 9,58). Nimmt man einen »peregrinus«, einen fremden Pilger, bei sich auf, so nimmt man in ihm Christus auf. Für Franz von Assisi verschmelzen später »pauper et peregrinus« (Armer und Pilger) zur idealen christlichen Lebensform, zur radikalen Nachfolge Jesu.

Auf die biblischen Wegerzählungen wurde schon hingewiesen. Sie bilden die Grundlage eines christlichen Verständnisses der »peregrinatio«. Doch erst die frühen Mönche – verstanden sie sich doch als in der Fremde lebend – begannen die ersten zentralen Aspekte einer Pilgerschaft zu entwickeln. Ich greife sie hier auf, erweitere sie und übertrage sie auf das Pilgern auf Jakobuswegen. Dabei nenne ich sie nur in einer Kurzfassung, denn ausführlichere Gedanken dazu findet der/die Leser/in teils in vorangegangenen Ausführungen, teils in den spirituellen Tagesimpulsen im II. Teil.

Sehnsucht –

damit beginnt die Pilgerschaft, denn »in den Augen aller Menschen wohnt eine unstillbare Sehnsucht« (Ernesto Cardenal). Eine vage Idee, eine Unzufriedenheit, ein leiser Ruf, eine Hoffnung steigt aus der Tiefe der Seele auf und will nicht überhört, sondern wahrgenommen werden. »Es muss doch noch mehr als das bisher Gewesene geben« (vgl. unter »Sehnsucht«, S. 18 ff.).

Aufbrechen –

das hat seine eigene Dynamik. Aufbrechen ist der erste Schritt, um Abschied zu nehmen, sich für eine gewisse Zeit aus Bindungen, Geborgenheit und Gewohnheit zu lösen, um in die Fremde zu gehen. Die Sehnsucht setzt sich im Aufbrechen in Bewegung. Doch nicht nur zu Beginn eines Pilgertages oder einer größeren Pilgerwanderung brechen wir auf, sondern wir müssen es auch immer unterwegs neu tun, z.B. wenn wir uns an einem Ort wohl fühlen und doch weiter wollen (vgl. dazu »Aufbrechen«, S. 57 ff.).

Unterwegssein –

das heißt, von Ort zu Ort pilgern, ständig äußerlich und innerlich in Bewegung sein. Vorankommen und gleichzeitig sich selbst besser kennen lernen, zur eigenen Mitte kommen, entdecken, dass mein Leben »ein Weg ist, ein Pilgerweg zu Gott« (Aurelius Augustinus, vgl. dazu auch S. 22 ff.).

Leben in der Fremde –

das ist im Zeitalter des Tourismus und der Kommunikation nicht mehr so problematisch, doch es kommt dabei auf die innere Haltung an. In der Fremde begegnen wir landschaftlich, kulturell und zwischenmenschlich viel Neuem. Kann ich es als Geschenk, Anfrage oder Herausforderung annehmen? Ist das der Fall, dann trägt es dazu bei, uns selbst auch innerlich zu erneuern und in der Fremde von Gott verwandeln zu lassen.

Gehen und bewegen –
das heißt, im äußeren Gehen bewegen wir uns auf Pilgerwegen, aber wir lassen uns auch von einem Wort, einem kulturellen Zeugnis, einer Begegnung innerlich bewegen – wir werden berührt. »Es geht mir zu Herzen«, sagen wir und spüren: Das ist etwas Wichtiges und Kostbares, ohne dass wir es bis zum Letzten verstehen. Wichtig ist, dass wir solch spirituelle Wegerfahrungen weiter in uns bewegen und wach halten. Gehen, das ist auch ein Bild für den christlichen Glauben. Der Weg fordert uns heraus. Es ist leicht, vorgegebene Glaubenssätze und Vorschriften zu übernehmen. Das erspart manche Mühe, Zweifel und Unsicherheit. Doch Pilgern lädt uns dazu ein, sich dem Geheimnis des Glaubens, dem Gott, der mit uns unterwegs ist, im Gehen zu nähern, ihn in der Schöpfung, in uns, in Begegnungen zu entdecken. Das ist mühsam, doch es hat befreiende und heilende Wirkung. (Vgl. dazu »Gehen«, S. 65 ff.).

Schweigend gehen –
auch, wenn wir in einer kleinen Gruppe unterwegs sind. Es muss auch Phasen geben, in denen ich allein gehe. In denen ich mein persönliches Tempo, meinen Rhythmus habe, meinen Gedanken nachhänge, sie durchschüttle und lockere, sie aus anderer Perspektive sehe oder einfach im »Geh-Rhythmus« innerlich leer werde, um mich sammeln zu können. Im Schweigen sammelt sich die Energie für die Schritte der Verwandlung (vgl. »Wegworte als Begleiter«, S. 81 f.).

Begegnen –
sich selbst, anderen Menschen und Gott. »Die Pilgerschaft ist eine gute Gelegenheit, die Spuren und Motive unserer eigenen Gesinnung und der ihr innewohnende Spannkraft als Lebensdynamik zu entdecken. Sich selbst erkennen, um die anderen zu verstehen – die anderen erkennen, um sich selbst zu verstehen«, das »öffnet den Horizont des Lebens und hält die einzig gültige Antwort auf die Frage nach dem Ursprung, dem Sinn und Ziel des Menschen wach. Unseren inneren Weg zu gehen bedeutet ... die eigene Existenz in Gott zu verwurzeln«. (Julian Barrio Barrio, Pilgern im Geist und in der Wahrheit, Hirtenbrief des Erzbischofs von Santiago de Compostela zum Heiligen Jahr 1999, S. 24 und 14).

Innehalten –
eine notwendige Maßnahme und wichtige Erfahrung. »Halt an, wo laufst du hin?«, ruft uns Angelus Silesius zu und fordert uns auf, innezuhalten, zu rasten, eine Atempause für Leib und Seele einzulegen. Nicht nur, um den Körper zu pflegen und Nahrung zu sich zu nehmen, den Durst zu stillen und Kräfte zu sammeln, die Wegstrecke zu überprüfen, eventuelle Korrekturen vorzunehmen, sondern auch, um der Seele Zeit zu lassen. Innehalten an »Orten der Stille« (Kirche, Berggipfel, Waldrand, Blumenwiesen, Kreuzgang, Wegkreuz, Kirchenportal ...), um die Seele zu pflegen, ihr spirituelle Nahrung zu geben, eigenen Gedanken nachzugehen und dabei zu sehen, hören, riechen, staunen, zu danken und zu beten, um innere Kräfte zu sammeln für schwierigere Wegsituationen auf dem Pilgerweg und im Lebensalltag (vgl. die verschiedenen Tagesimpulse).

Schwierige Situationen –
im Gegensatz zum Pilgern im Mittelalter sind die heutigen Jakobuswege gut gekennzeichnet und nicht mehr voller Gefahren. Schwierige, zum Teil gefährliche Situationen entstehen vor allem dann, wenn äußere Schwierigkeiten und innere Krisen zusammentreffen. Wenn sich äußere Unabwägbarkeiten wie Hitze, Gewitter, Sich-Verlaufen, Blasen an den Füßen, volle Pilgerherbergen, mit den Sorgen und Zweifeln, ob ich es schaffe, mit Lustlosigkeit und Angst vor seelischen Aufbrüchen verbinden; dann kommen die gefährlichen Momente und die Frage: weitergehen oder aufgeben? In solchen Situationen wird es wichtig, die anderen Aspekte der Pilgerschaft noch intensiver zu pflegen: Begegnung und Gespräch mit anderen, innehalten, sich Zeit lassen, die Sehnsucht neu wahrnehmen, den lästigen Fragen nicht ausweichen ... im Vertrauen, dass Gott als Wegbegleiter mitgeht. »Wo aber Gefahr ist, wächst das Rettende auch« (Friedrich Hölderlin).

Gehen auf ein Ziel hin –
ein Pilgertag hat ein Tagesziel, eine zweiwöchige Pilgerwanderung ein Etappenziel, doch letztlich ist das Ziel des Pilgers auf dem Jakobusweg das Grab des Apostels in Santiago de Compostela. Dieses Gehen auf äußere Ziele hin ermöglicht allen Pilgern, ihre jeweilige Sehnsucht wach zu halten und gleichzeitig über ihr Leben nachzusinnen. Das Wort »Sinn« bedeutet ursprünglich »gehen, reisen, eine Fährte suchen, eine Richtung nehmen«. Gehen heißt also, »auf etwas sinnen, nach dem Sinn fragen, nach dem Ziel suchen« (Anselm Grün, Auf dem Weg, Münsterschwarzach 1983, S. 30).

Ankommen am Ziel –
für einen Pilger, der in Santiago de Compostela ankommt, könnte das heißen: Eine Sehnsucht hat sich erfüllt; ich erlebe mich als zur Gemeinschaft der Pilger, die ihr Ziel erreicht hat, zugehörig; am heiligen Ort bin ich in besonderer Weise Gott und seinem Apostel nahe. Doch Ankommen ist nicht nur geografisches Ankommen. Ankunft am Ziel ist immer auch eine Durchgangsstation (vgl. S. 161 f.), ein Wendepunkt, denn »auch wenn du noch so weit gehst, du kehrst in den Alltag zurück« (Pilgernotiz aus Sahagún, zitiert bei Ulrich Hagenmayer, Das Ziel ist der Weg, Stuttgart/Zürich 2003, S.117). Jede Ankunft am Ziel ist das Ende einer »ganzheitlich-spirituellen Einübungszeit«. Eine Zeit, in der wir die Chance zur Verwandlung wahrgenommen oder ausgelassen haben. Jede Ankunft bedeutet auch Heimkehr und Rückkehr zur Pilgerschaft im Lebensalltag. Denn »wir sind niemals am Ziel, sondern immer auf dem Weg« (Vinzenz von Paul).

Nächstes Ziel

Der Tag
geht seinen Stundenweg

Du folgst ihm
auf dem Zifferblatt

beschreibst
deinen Kreis
tagein tagaus
bis ein Ziel
dich erreicht

und du weitergehst
zum nächsten Ziel

Rose Ausländer

Pilgern auf Jakobuswegen

»Der Weg ist das Ziel!« – Diese viel zitierte Aussage erscheint – vor allem für die vielen, die auf Jakobuswegen pilgern – auf den ersten Blick eindeutig. Der Weg steht im Vordergrund, und doch bleibt die offene Frage: Wäre ich aufgebrochen ohne ein Ziel für diesen Tag, diese Etappe oder ohne das Pilgerziel Santiago de Compostela? Der Name dieser Stadt im Nordwesten Spaniens motivierte ab dem 9. Jahrhundert Tausende von Pilgern, quer durch Europa zu gehen, das legendäre, ca. 814 (wieder-)entdeckte Grab eines Apostels zu besuchen, ja sogar noch drei Tagesmärsche weiter zu gehen, um das damals bekannte »Cabo de Finisterre« – das Ende der Welt – zu sehen.

Santiago de Compostela, das ist mehr als ein Name, das ist die Faszination einer Legende mit vielschichtigen historischen, kulturellen, religiösen, wirtschaftlichen, politischen, sozialen und persönlichen Auswirkungen auf Einzelne und das Pilgerwesen, auf Gemeinschaften und Institutionen, auf Dörfer, Städte, die Kirche, ja auf ganz Europa. Schon zu Beginn des 12. Jahrhunderts waren Pilgerströme aus vielen europäischen Ländern nach Compostela unterwegs. Damals fragte der Botschafter des Emir Al be Yusuf (1106–1142), als er dorthin reiste, seine Mitreisenden: »Wer ist diese große und außerordentliche Persönlichkeit, vor der unzählige Christen von beiden Seiten der Pyrenäen niederknien und beten? Die Menge derer, die dorthin gehen und wieder zurückkommen ist so groß, dass wir auf der Straße nach Westen kaum Platz fanden, um voranzukommen,...« Er erhielt als Antwort: »Diese Persönlichkeit sei Jakobus, der Apostel des Herrn, der in Galicien begraben liege und den Frankreich, England, Latium, Deutschland und alle Regionen der Christenheit, vor allem aber Spanien, als ihren Patron und Beschützer verehren« (zitiert nach: Millán Bravo Lozano, Santiago de Compostela. Auf alten Wegen Europa neu entdecken. Innsbruck/Wien 1992, S. 15 f.).

Das vage belegte Bekenntnis, dass Jakobus der Ältere Spanien missioniert habe, die Legenden, z.B. dass nach seinem Tod in Jerusalem sein Leichnam nach Spanien überführt worden sei, und vor allen Dingen die Wiederentdeckung seines Grabes, förderten beim mittelalterlichen Menschen den Wunsch, an das Grab des Jakobus zu pilgern. Dort wollte er Befreiung von Schuld und Sünde erfahren. Dieser Wunsch und weitere Legenden wurden für den Pilger zur gelebten menschlichen Geschichte, die in seiner Gegenwart und in die Zukunft wirkte (vgl. zum Thema »Legende« die Informationen auf S. 154 f. und 165).

Für die Pilger des Mittelalters war das Grab des Apostels in Santiago de Compostela eine Realität, die bis heute wirkt. Auch wenn die historisch-kritische Forschung heute vieles »Legendäre« erklären kann, liefert sie doch keine endgültigen Beweise über die Identität des »wahren Jakobs« (vgl. dazu Peter Müller, Wer aufbricht kommt auch heim, Eschbach [3]2001, S. 124 f.). Doch es bleibt die zentrale Erfahrung: Die Legenden, das Ziel und vor allem der Weg faszinierten damals und faszinieren heute erneut viele Menschen. Sie begeben sich nicht nur auf den spanischen Camino, seine großen Zugangswege von den Ausgangspunkten Paris, Le Puy, Vézeley oder Arles (vgl. a.a.O., S. 25), sondern sie pilgern auch auf dem weit verzweigten Netz in deutschsprachigen Ländern. Denn immer häufiger werden heute alte Zugangswege zu den mittelalterlichen Pilgersammelorten rekonstruiert und mit der Muschel als Jakobusweg gekennzeichnet. Im »Zeichen der Muschel« (vgl. S. 118 ff.) sind wir eingeladen, auch die Jakobuswege »vor der Haustür« zu nutzen. Mit dem Pilgern beginnen, das könnte heißen, zu einem Pilgertag oder 3-5 Pilgertagen aufzubrechen, sich ins Pilgern einzuüben. Dabei sollten wir uns Zeit lassen und uns auch den/die »Umweg(e) nach Santiago« (Buchtitel von Cees Nooteboom) erlauben. Wenn unterwegs Zweifel über den richtigen Weg, die Versuchung aufzuhören oder Enttäuschungen über das Ausbleiben von Veränderungen auftreten – auch sie gehören zum Pilgern, denn Geradlinigkeit und Schnelligkeit sind Kennzeichen der Autobahn, nicht des Pilgerns auf Jakobuswegen. Die Seele des Pilgers braucht Zeit, sein Ziel motiviert ihn, den Weg muss er selbst gehen. Bekanntlich geht jeder Erkenntnis und Erleuchtung eine körperliche, seelische und geistige Reinigung voraus. Beim Pilgern können wir das an uns selbst erleben.

Daher ist Pilgern für mich auch mehr als Wandern und etwas anderes als Wallfahren. Auch wenn hier viele Ähnlichkeiten und Verbindungen bestehen, sehe und erlebe ich Unterschiede. Wenn Christen auf Wallfahrt gehen (»wallen«, d. h. wandern, reisen), dann reisen sie betend, singend, oft als Prozession zu einem Ort, an dem sie die Fürsprache der Gottesmutter erbitten, einen besonderen Heiligen oder Nothelfer bzw. dessen Reliquie verehren, und an diesem heiligen Ort um Gesundheit oder Befreiung von Leid bitten, sich ein Wunder erhoffen oder danken für erhaltene Hilfe. In der Regel ist Wallfahrt ein Gruppengeschehen.

Auch zum Pilgern auf Jakobuswegen gehören »Begegnung und Solidarität« (vgl. S. 38). Doch beim Pilgern auf Jakobuswegen stehen der Einzelne und sein äußerer und innerer Weg, sein Suchen nach Lebenssinn im Zentrum des Geschehens. Pilgern ist für mich, mit all den schon genannten Aspekten, ein Weg entlang einer »Erinnerungsgeschichte«, den viele Menschen aus unterschiedlichen Anlässen und mit vielfältigen Ängsten, Bedrohungen und Hoffnungen gegangen sind und noch gehen werden. Es ist aber vor allem ein Weg in die Vergangenheit meiner Lebensgeschichte, ein Einüben in das achtsame Wahrnehmen meiner Gegenwart und eine orientierende Investition in die Zukunft meines Lebens.

Pilgern ist Gehen auf Jakobuswegen. So wird es heute weitgehend synonym verstanden. Pilgern als Unterwegssein zu sich selbst und zu Gott ist jedoch nicht generell an gekennzeichnete Jakobuswege gebunden. Pilgern ist auch auf anderen Wegen, auf den »Kurzstrecken« der heimatlichen Umgebung möglich. »Pilgertage« auf Wanderwegen vor der Haustüre sind Gelegenheiten, im Geiste des Pilgers meditatives Gehen und »Riten der Einkehr« (Cees Nooteboom) einzuüben und neue Energien für den Pilgerweg des Lebens zu sammeln.

Viele Menschen können aus unterschiedlichen Gründen sich noch nicht oder nicht mehr auf Jakobuswege begeben. Wieder andere möchten eine frühere Pilgerwanderung gern noch einmal nachvollziehen. Auch Sie können diesen Wegbegleiter für den Pilgerweg ihres Lebens nutzen. Sie sind eingeladen, eine spätmittelalterliche Praxis »wieder zu beleben«, bei der statt des tatsächlichen Gehens eine »geistliche Pilgerreise« zu einem Zielort – in Etappen – nachvollzogen wird. Das bedeutet, Sie können für sich allein oder in einer Gemeinschaft täglich oder wöchentlich z.B. Ihren Weg durch den Advent oder die Fastenzeit gestalten, indem Sie ein Thema auswählen, es bedenken, dessen Bedeutung für sich nachspüren und »mental« pilgernd unterwegs sind. Schon nach dem Zeugnis des »Liber sancti Jakobi« (dem ersten Pilgerführer des Jakobusweges, eine Handschrift von 1160-70) war der Weg wichtiger als das Ziel, denn der »Pilgerweg führt den Menschen zum Leben«. Sie sind eingeladen, Ihre Form des Pilgerns zu finden und mithilfe des vorliegenden Wegbegleiters aufzubrechen und unterwegs zu sein.

Manchmal muss ich mich suchen gehen

Manchmal muss ich mich suchen gehen,
damit ich nicht ersticke
im Berg der Arbeit.

Manchmal muss ich mich suchen gehen,
damit ich mich nicht verliere
im Irrgarten der Gedanken.

Manchmal muss ich mich suchen gehen,
damit ich wieder glauben kann
in den Zweifeln meiner Nächte.

Manchmal muss ich mich suchen gehen,
damit ich wieder sehe
in dem Nebel meiner Wünsche.

Manchmal muss ich mich suchen gehen,
damit ich mich wieder höre
in der Wirrnis der Stimmen.

Manchmal muss ich mich suchen gehen,
damit ich mich wieder öffne
für die Welt,
für den anderen,
für Gott.

Manchmal muss ich mich suchen gehen,
damit ich wieder ich selber bin
und nicht nur ein Schatten.

Hanni Neubauer

Orientiere dich

Im Osten
geht die Sonne auf.
Oste dich.
Orientiere dich.
Suche Halt und Sinn
bei Menschen,
in der Schöpfung,
bei Gott.
Sei wie die Kirchen,
schau in die Richtung
der aufgehenden Sonne.
Erwarte das Licht
des neuen Morgen.
Geh deinen Weg
mit der Sonne,
durch den Tag.
Von Ost nach West,
vom Morgen zum Abend.

Peter Müller

»Gib deiner Seele Zeit!«

Spirituelle Impulse für Pilgertage und Pilgerwanderungen

Ein viel gereister Mann kam nach Santiago, um den Apostel Jakobus zu besuchen und an seinem Grab zu beten. Weder in der Kathedrale noch am Grab gelingt es ihm, seine Gedanken zu sammeln. Seine Lippen sprechen leere Formeln und seine Gedanken sind bei ganz anderen Dingen. Nach mehreren vergeblichen Versuchen trifft er in der Kathedrale zwei still dasitzende Männer. Sie scheinen Pilger zu sein, und er bittet sie um einen Rat.

»Seit wann sind Sie hier?«, fragte ihn der eine. »Seit gestern. Ich kam mit dem Flugzeug«, antwortete der Reisende. »Dann haben Sie Geduld. Ihre Seele kommt nach. Sie braucht noch Zeit. Sie ist noch unterwegs, am liebsten geht sie zu Fuß. Denn der Weg ist das Ziel.«

Peter Müller

Vom Pilgertag zur Pilgerwanderung:

Informationen und Anregungen zur Benutzung des Wegbegleiters

Aufbrechen in einen Pilgertag oder zu einer Pilgerwanderung – dazu müssen wir uns vorbereiten und einstimmen, d.h. zunächst informieren und orientieren. Das erleichtert und qualifiziert die Entscheidung. Ist sie getroffen – für welche Zeitdauer auch immer –, beginnen wir zu planen und zur organisieren: Termin(e), Wegstrecke, Dauer, Wanderroutenführer und -karte, Anfahrt, Rückfahrt, kultureller Führer für Sehenswürdigkeiten am Weg, Wanderausrüstung, Übernachtung, Verpflegung, Pilgerausweis. Ob für einen Pilgertag »vor der Haustür«, eine mehrtägige oder mehrwöchige Pilgerwanderung, ob ich allein oder in einer Gruppe wandere, es werden jeweils mehr oder zum Teil andere Vorbereitungen notwendig sein. Eigene Wander- und Pilgererfahrungen helfen. Wenn solche Erfahrungen nicht vorhanden sind, sollte ich mich vor allem für längere Pilgerreisen bei erfahrenen Pilgern informieren. Weitere Anregungen dazu und vor allem zu den Streckenführungen findet man in den Pilgerwanderrouten-Führern.

Pilgern bedarf der organisatorischen Vorbereitung, aber ebenso wichtig ist eine persönliche Einstimmung und Gestaltung der spirituellen Dimension unseres Unterwegsseins. Der vorliegende Wegbegleiter lädt vor allem dazu ein. Dazu folgende Anregungen.

Was finde ich hier?

Der I. Teil: »Geh, denn es ist gut für dich« (S. 17 bis 45) stellt Erfahrungen und grundlegende Überlegungen zum Pilgern vor. Sie sind zunächst geeignet zur Einführung und Einstimmung, doch auch unterwegs an einem Ruheplatz oder am Abend können einzelne Abschnitte, z.B. »Das Leben als Weg«, eine Geschichte, ein Textabschnitt zum »Unterwegssein« oder zum »Pilgern« erneut gelesen, mit den eigenen Erfahrungen verbunden und meditiert werden.

Der II. Teil: »Gib deiner Seele Zeit« (S. 47 bis 171) lädt mit »20 Weg-Themen« ein, das äußere Unterwegssein mit dem »inneren Pilgern« zu verbinden. Die »inneren Wanderrouten« dazu sind sehr unterschiedlich und offen gestaltet. Jedes Thema hat eine Einstimmung zum »Innehalten« mit Spruch, Gedanken, Übungen, Geschichte und/oder Gebeten und Impulsen zur persönlichen Besinnung sowie einen Abschnitt »Informationen« mit ausgewählten Aspekten zur Geschichte und Kultur des Jakobusweges, zur Pilgerschaft und zur Gestalt des Apostels Jakobus.

Wie kann ich den spirituellen Wegbegleiter nutzen?

Zunächst zur Einstimmung (vgl. I. Teil), dann vor allem als »inneren Wanderroutenbegleiter«, aus dem ich täglich ein Thema oder einen seiner Impulse auswähle und mich damit beschäftige, z.B. als morgendliche Einstimmung, die ich im Laufe des Tages nochmals aufgreife. Ich kann auch einen Spruch auswählen (vgl. jeweiligen Leitspruch am Beginn des Themas oder »Wegworte als Begleiter«), über den ich in einer meditativen Gehübung nachsinne und ihn »wiederkaue« (vgl. S. 81 f.). Oder ich nutze einen schattigen Ruheort, ein Portal, eine Kirche, eine Berghöhe, einen besonderen Wegweiser, um mich mit einem Text zu beschäftigen. Oder ich wähle mir am Ende einer Tageswanderung, wenn ich geduscht und mich gepflegt habe, einen Impuls aus, der zu meinem Erleben an diesem Tag, zu meiner momentanen Stimmung passt und über den ich nachdenken möchte. Ich kann mir also die Themen flexibel aussuchen und sie nutzen, innerhalb eines Themas einzelne Impulse auswählen, z.B. nur eine Geschichte, ja ich kann Impulse oder Informationen unterschiedlicher Themen auch miteinander verknüpfen und ich darf Impulse, die mich – aus welchen Gründen auch immer – besonders ansprechen, erneut aufgreifen, wiederholen und weiterentwickeln. Ein anderer Ort, eine aktuelle Situation, wiederholtes Lesen – ergeben oft eine neue Perspektive und neue Anregungen.

Der vorliegende Wegbegleiter versteht sich als »offener Steinbruch«, der einlädt, Impulse auszuwählen und »inneres Pilgern« eigenverantwortlich mitzugestalten und wachsen zu lassen. Daher wird auch keine logische Reihenfolge der Themen vorgegeben – mit der einen Ausnahme, dass die Themen »Aufbrechen«

und »Gehen« am Beginn sowie »Ankommen« und »Heimkehren« am Ende aufgeführt werden. Ich muss mich täglich oder teilweise in der Vorbereitung entscheiden. Das ausführliche Inhaltsverzeichnis unterstützt mich dabei. Die Sachinformationen erweitern unsere Kenntnisse und das Verständnis über den Pilgerweg.

Das große Ziel vieler Menschen ist es, auf dem spanischen Jakobusweg, dem Camino de Santiago de Compostela zu pilgern. Verkehrstechnisch können wir heute leicht und in kurzer Zeit die Anfahrtswege bis zu den Pyrenäen bewältigen und an den jeweiligen Grenzorten ins Pilgern einsteigen. Doch der »camino« – wie er oft genannt wird – war schon im Mittelalter ein europäischer Pilgerweg. Deutsche Pilger mussten z.B. wochen- und monatelang zu den Pyrenäen anreisen. So entstanden in Frankreich die vier großen Zugangsrouten und in den anderen Ländern ein ganzes Netz von »Jakobuswegen« (vgl. Karte S. 51). Viele sind heute mit der Muschel gekennzeichnet. Die Ursprünge der Jakobuspilgerschaft liegen in »Santiago de Compostela«, der Weg jedoch beginnt geografisch »vor meiner Haustür« und spirituell »in mir«. Daher kann ich den »spirituellen Wegbegleiter« auf allen Jakobuswegen in deutschsprachigen Ländern, in Frankreich und Spanien für meinen persönlichen Weg, aber auch in Gruppen, nutzen. Letztlich bietet er auch für Menschen, die diese Wege körperlich nicht mehr gehen können die Möglichkeit, ihn z.B. in Verbindung mit einem ansprechenden Bildband als »spirituelle Pilgerreise« daheim nachzuvollziehen.

Ein Pilgertagebuch schreiben?

Ergänzend zum spirituellen Wegbegleiter empfehle ich, ein Pilgertagebuch zu schreiben. Hier können täglich – zu aktuellem Anlass, zu den Impulsen oder am Abend – die Begegnungen und Erlebnisse, die Orte, persönliche Gedanken und Gefühle, Fragen und Ängste, Hoffnungen und Zweifel, Geschichten und Skizzen zu Papier gebracht werden. Sich etwas »von der Seele schreiben« und Erfahrungen in Worte fassen, das allein hat befreiende und ermutigende Wirkung. Viele sind es nicht mehr gewohnt, ein Tagebuch zu schreiben, doch das Pilgern bietet eine Gelegenheit, es neu zu probieren.

Ein unliniertes und gebundenes Buch eignet sich am besten. Es ermöglicht Ihnen, ohne Einengung Ihren Stil (auch mit Skizzen, Symbolen) zu entwickeln und ermuntert, unangenehme Niederschriften oder Fehler einfach zuzulassen.

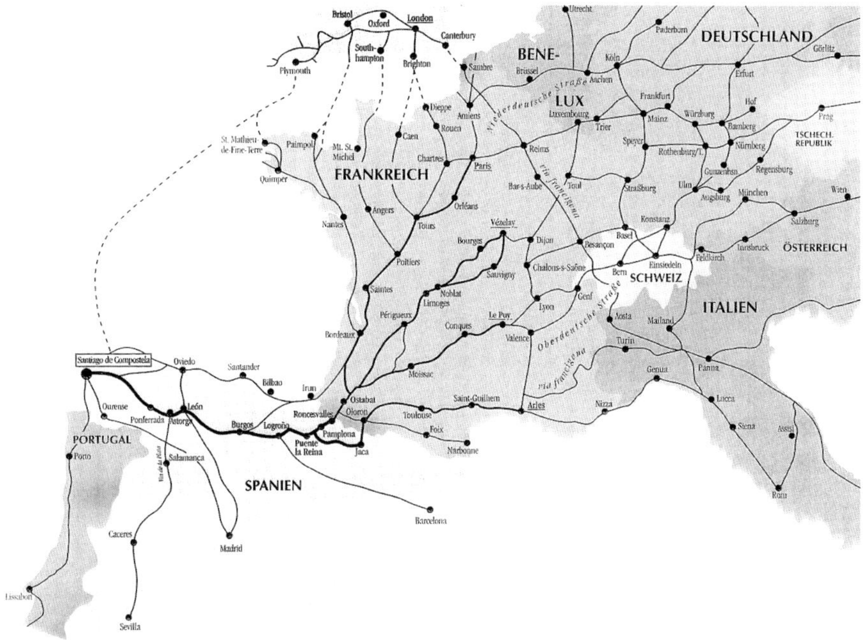

Das Tagebuch bezieht alle Dimensionen der Pilgerreise (körperliche, spirituelle, psychische, soziale und kulturelle) ein. Es ist wie ein Spiegel, in dem ich mich selbst betrachten und Erlebnisse festhalten kann. Was schreibe ich? Alles, was mir wichtig ist: direkt, in der Ichform und in der Gegenwart, möglichst keine Interpretationen oder gar Vermutungen. Wann schreibe ich? Am Abend als Tagesrückblick, manchmal auch gleich, so lange die Beobachtungen, Erfahrungen und Gefühle noch lebendig sind. Es gibt verschiedene Möglichkeiten, doch wichtig ist: jeden Tag schreiben.

Viele Wege führen nach Santiago de Compostela

»Jakobuswege« oder wie es häufig in Deutschland heißt »Jakobswege« durchzogen im Mittelalter ganz Europa. Ein engmaschiges Wegenetz mit dem Ziel Santiago de Compostela (vgl. Karte oben, die nur die wichtigsten Strecken zeigt). Die geografische Lage des südlichen und südwestlichen Deutschland führte zu einer besonders ausgeprägten Jakobustradition. Denn beide Teile waren für die Pilger aus dem Norden und Osten Deutschlands und Europas wie eine Durchgangsstation. Seit den 90er-Jahren werden immer mehr Wegstrecken rekonstruiert, nicht alle, aber zahlreiche wurden von regionalen Jakobusgesellschaften oder Einzelinitiativen neu gekennzeichnet. Markierte und unmarkierte Jakobuswege verbinden sich – auch mit bekannten Wanderwegen – zu einem neue Wegenetz (vgl. Wolfgang Lipp, Der Weg nach Santiago. Jakobusweg in Süddeutschland, Ulm 1991; und die »Pilger-Wanderrouten-Führer«, S. 174 f.).

Der Jakobusweg ist doch in Spanien – so sagen viele. Das ist richtig, doch Pilgern beginnt vor meiner Haustür, auf den Kurzstrecken der näheren und weiteren Umgebung. Das kann ein Wanderweg, ein noch nicht markierter Jakobusweg oder ein schon mit der Muschel ausgezeichneter Weg sein. Viele Wege führen nach Santiago de Compostela. Ohne den Anspruch auf Vollständigkeit werden die wichtigsten gekennzeichneten Wege hier zur ersten Orientierung aufgelistet. Alle weiteren Informationen zur jeweiligen Strecke, ihren Orten, Geschichte und Kultur findet man in der angegebenen Literatur (S. 174 f.).

Pilgerwege in Deutschland

Wege der Jakobspilger im Rheinland

- Von Wuppertal über Köln nach Aachen
- Von Köln über Bonn, Trier, Perl nach Schengen

Der Kinzigtäler Jakobusweg

- Von Horb über Loßburg, Alpirsbach, Wolfach, Haslach, Hausach, Gengenbach nach Schutterwald

Fränkische Jakobuswege

- Von Fulda nach Würzburg
- Der Unterfränkische Jakobusweg von Schweinfurt nach Würzburg
- Von Nürnberg über Heilsbronn nach Rothenburg o.d.T.
- Von Tillyschanze (Tschechische Grenze) bis Nürnberg

Fränkisch-schwäbische Jakobuswege

- Von Würzburg über Rothenburg o.d.T., Crailsheim, Hohenberg nach Ulm
- Von Nürnberg über Gunzenhausen, Nördlingen nach Ulm

Schwäbische Jakobuswege

- Von Ulm über Biberach, Bad Waldsee, Weingarten, Ravensburg, Markdorf, Meersburg, Konstanz.
- Von Winnenden über Esslingen, Tübingen, Hechingen, Rottweil, Villingen-Schwenningen, Hüfingen bis Hausen vorm Wald. Hier trennt sich der Weg nach Schaffhausen in Richtung Einsiedeln oder Waldshut in Richtung Basel.

Bayrisch-schwäbische Jakobuswege

- Von Oettingen über Augsburg nach Lindau/Bodensee
- Von München über Schondorf, Kempten, Lindau nach Bregenz
- Südostbayrischer Weg von Stift Schlägl über Rohrbach, Passau, Altötting, Wasserburg, Kufstein bis Breitenbach; oder von Salzburg bis Hohenpeißenberg entlang an Jakobuskirchen und Klöstern

Weitere Wege

- Jakobusweg durch die Pfalz von Speyer über Hambach zum Kloster Hornbach

Pilgerwege im benachbarten Ausland

Schweiz

- Von Konstanz nach Einsiedeln (auch »Schwabenweg« genannt)
- Von Rorschach nach Einsiedeln
- Von Einsiedeln über Fribourg, Lausanne nach Genf
- Von Basel nach Bern

- Österreich
  - Von Preßburg bis Feldkirch
  - Von Graz über Marburg, Kärnten, Ost- und Südtirol nach Innsbruck

- Frankreich (die vier bekannten Zugangswege)
  - *Via Turonensis* von Paris über Orléans, Tours, Poitiers, Ostabat bis zur Grenze
  - *Via Lemovicensis* von Vézelay über Limoges
  - *Via Podensis* von Le Puy über Conques, Moissac, Ostabat bis zur Grenze
  - *Via Tolosana* von Arles über Toulouse bis zum Somportpass.

Pilgerwege in Spanien

- Der Camino de Santiago, der vom Ibañetapass/Roncesvalles bzw. vom Somportpass jeweils bis Puente la Reina und dann gemeinsam die Pilger nach Santiago de Compostela (und ans Cabo Finisterre) führt.
- Der Küstenweg, beginnend in Hendaye über Oviedo, Lugo nach Santiago de Compostela
- Die Vía de la Plata bzw. der Camino Mozárabe von Sevilla über Mérida, Cáceres, Salamanca, Astorga bis nach Santiago oder die Variante: kurz nach Zamora in Granja de Moreruela abzweigen über Ourense nach Santiago de Compostela.

Ein Pilgertag vor der Haustür: Herausforderung und Einübung

Ein Pilgertag – allein oder in einer kleinen Gruppe – dient vor allem dazu, den hektischen Alltag zu unterbrechen und einen Raum zu erleben, in dem ich zur Ruhe und zu mir selbst kommen kann. Neben der notwendigen Organisation von Wegstrecke, Zeitplan, Wanderausrüstung, Anfahrt, Wanderroutenführer, nehme ich mir am Abend vorher Zeit, mich mental einzustimmen. Die Stichworte »Sehnsucht«, »Unterwegssein« oder »Pilgern« aus dem I. Teil dieses Wegbegleiters (vgl. S. 18 ff.) bieten dazu eine Auswahl. Mir hilft es auch, wenn ich mir zu diesem Zeitpunkt schon – je nach Weg, Ziel und Stimmung – ein einfaches Thema für den Tag wähle, z.B. »Achtsam leben mit allen Sinnen«. Der Tag selbst kann dann in etwa folgende Grobstruktur (als Beispiel) haben:

- Ich stehe früh auf, genieße das Frühstück, packe meine Utensilien und fahre zum Ausgangspunkt meiner Wegstrecke.
- Vor dem Aufbruch ins Unterwegssein setze ich einen bewussten Anfang, z .B. lese ich die Geschichte »Der Wanderer« (S. 24). Als Symbol für meine »Last« (Sorge, Angst, Beschwerden) suche ich mir einen kleinen Stein und spreche mir einen Segen zu (vgl. S. 59).
- Mit dem Stein gehe ich schweigend meinen Weg. Manchmal eine, manchmal drei Stunden. Was belastet mich zur Zeit? Was möchte, sollte oder müsste ich loslassen? Immer wieder kehre ich zu diesen Fragen zurück. An einem geeigneten Ort – ein Feldkreuz oder Bildstock, eine Kapelle oder Kirche – lege ich meinen »Problem-Stein« ab. Ich lasse los. Oder ich stehe vor einem tiefen Grund und werfe den Stein – meine Last – in die Tiefe, atme durch, danke und genieße eine Pause.
- Bevor ich zur nächsten Wegstrecke aufbreche, lese ich die Einstimmung zum Thema »Achtsam leben mit allen Sinnen« und mache mich vertraut mit dem Impuls »Vom Hin-Sehen zum Hinein-Sehen, zum Staunen« (S. 88).
- Auf meinem weiteren Weg während des Tages achte ich immer wieder neu auf die Beschaffenheit des Weges, auf das, was am Rande des Weges wächst, blüht oder daniederliegt. Ich nehme aufmerksam Bäume, Landschaft, Farben, Häuser, Wegzeichen, Kapelle, Bildstock wahr. Ich halte an, spüre nach, entdecke, informiere mich, staune und gehe weiter.
- Am Ziel dieses Pilgertages angekommen, halte ich inne (vgl. Impuls, S. 161 f. »Ankommen am Tages- oder Etappenziel«). Ich werde still, blicke auf den Tag zurück, danke und /oder bitte, schließe mit einem Gebet.

Pilgertage »vor der Haustüre« oder in der Fremde, ob allein oder in einer kleinen Gruppe, ob ein oder mehrere Tage – sie können sehr unterschiedlich gestaltet und erlebt werden. Wegstrecke, symbolische und kulturelle Orte entlang des Weges, Ziele und Interessen der Pilger bestimmen den persönlichen Tagesrhythmus bzw. den einer Gruppe. Dennoch ist eine Grobstruktur sehr hilfreich: Das

Aufbrechen in den Tag bewusst gestalten (vgl. S. 57 ff.); unterwegs »innehalten«, z.B. an einem Brunnen oder Feldkreuz, einer Kapelle oder auf einem Aussichtspunkt (vgl. die verschiedenen Themenimpulse); das Ankommen (vgl. S. 161 ff.) wahrnehmen und den Tag rückblickend dankbar annehmen. Pilgertage laden dazu ein, für einen Tag oder mehrere auszusteigen, zur Ruhe zu kommen, neue Kräfte zu sammeln. Pilgertage fordern dazu heraus, meine Lebensweise zu bedenken und – wo notwendig – zu verändern. Pilgertage sind eine heilsame Einübungszeit für längere Pilgerwanderungen und für den Pilgerweg des Lebens.

Jeden Tag neu

Jeden Tag aufstehen, auf eigenen Beinen stehen.
Jeden Tag im Leben stehen, das Alte neu bestehen.
Jeden Tag andere ausstehen und zu sich selbst stehen.
Jeden Tag verstehen, dass Gott hinter allem steht.
Jeden Tag aufstehen zu neuem Leben.
Jeden Tag neu.

Petrus Ceelen

AUFBRECHEN

INNEHALTEN

Eine Reise von tausend Meilen
fängt mit dem ersten Schritt an.
Lao Tse

Jedes Pilgern, jeder Pilgertag beginnt mit einem ersten Schritt, d.h. ich breche auf und verlasse – äußerlich und innerlich – den bisherigen Ort. Indem ich aufbreche, beginne ich einen Gedanken, eine Idee, eine Sehnsucht oder Hoffnung zu verwirklichen, deren Realisierung mir lange als unmöglich erschienen war. Aufbrechen, das geschieht aber auch manchmal spontan aus der Not heraus oder auf eine Anstiftung hin, d.h. ein Wort, ein Mensch, eine Idee, bringt mich in Bewegung. In der Regel muss mein Aufbruch – zu einem Pilgertag oder einer Pilgerwanderung – vorbereitet werden: In Gedanken beschäftige ich mich damit, stimme mich durch Lektüre ein, plane Streckenabschnitte, sammle die notwendigen Dinge und packe sie zusammen. Vorfreude und Spannung, Ungewissheit und Fragen begleiten mich. Aufbrechen, das muss ich jeden Tag neu und doch wieder anders. Daher sind im Folgenden verschiedene Impulse vorgeschlagen, die helfen, sich ins »Aufbrechen« einzustimmen.

Aufbrechen ins Unterwegssein

Aufbrechen – das bedeutet zunächst, den familiären und beruflichen Alltag, den gewohnten Lebensrhythmus, festgefahrene Vorstellungen oder einengende Bindungen für eine gewisse Zeit zu verlassen. Ich begebe mich in die Fremde, lasse mich auf Unbekanntes ein und muss mich neu orientieren. Ich bin angewiesen auf Offenheit, Zuwendung und Gastfreundschaft anderer. Aufbrechen, das ruft Unsicherheit hervor, das ist aber auch eine Chance, Altes loszulassen und Neues zuzulassen.

Aufbrechen –
das heißt, dass ich den ersten Schritt mache, um eine Idee, einen Wunsch, eine Sehnsucht, mit der ich mich schon einige Zeit beschäftigt habe, zu verwirklichen. Neben der Vorfreude, den Erwartungen auf Neues und der körperlichen Heraus-

forderung bewegen mich Fragen: Werde ich den Weg schaffen? Wird alles gut gehen? Was ist, wenn ich mich verlaufe? Bereiten Witterung, Gelenke, Blasen oder Ähnliches mir Probleme?

Aufbrechen –
in einen Pilgertag vor der Haustüre, in ein längeres Unterwegssein auf dem Jakobusweg oder in eine Tagesetappe – in welchem Land auch immer – nach Santiago de Compostela eröffnet mir Möglichkeiten, bisherige Informationen über den Jakobusweg oder dieses Wegstück mit Erfahrungen zu verbinden, einzusteigen in die mittelalterliche und religiöse Lebenswelt der Pilger, in eine andere Kultur und ihre Geschichte und in die Begegnung mit den Menschen heute. Ich bin eingeladen wahrzunehmen, meine Sichtweise gegebenenfalls zu ändern, zu überprüfen und sowohl die Welt als auch mich selbst mit neuen Augen zu sehen.

Aufbrechen –
das heißt, im Äußerlichen auch das innere Unterwegssein mitzugestalten, z.B. durch meditatives Gehen ohne Begleitung, durch bewusstes Innehalten, durch Tagebuchschreiben, dadurch dass ich andere Pilger ein Wegstück begleite, ihnen zuhöre, selber erzähle. Ich gehe äußerlich eine Wegstrecke und innerlich mute ich mir zu, mich zu verändern.

Aufbrechen –
im Alten und Neuen Testament gibt es viele Aufbruchgeschichten (z.B. Abraham, Mose, Emmauserzählungen). Sie laden immer wieder ein, darüber nachzudenken, was es heißt, sich etwas zuzumuten, etwas zu wagen und sich für etwas zu entscheiden (vgl. Impuls »Abraham«).

Aufbrechen –
all unsere Beweggründe sind letztlich Sehnsuchtsmotive. Sie sind die treibende Kraft, die uns durchhalten lässt bis zum Ziel.

Aufbrechen –
Was bewegt mich? Welche Sehnsüchte möchte ich verwirklichen?

Aufbrechen –
Welche Gedanken an den Alltag daheim tauchen noch auf? Was fällt mir schwer? Was möchte ich loslassen?

Aufbrechen –
Auf was freue ich mich? Auf was will ich besonders achten?

Reisesegen

Mögest du auf all deinen Wegen
beschützt und bewahrt sein.

Der Wind stärke dir den Rücken.
Die Sonne erwärme dein Gesicht.
Der Regen erfrische dein Leben.
Alle Orte sollen dir Heimat werden.
Alle deine Wege mögen zu guten Zielen führen.

Mögen dich deine Wege
in neue Richtungen führen.
Mögest du Mut haben,
schwankenden Boden zu betreten
und zu neuen Ufern aufzubrechen.
Mögest du Neuland gewinnen.
Gott halte dich schützend in seiner Hand.

Freundliches Wetter möge dich begleiten,
der Wind stärke dir den Rücken –
und mögest du längst im Himmel sein,
bevor der Teufel es bemerkt.

Irischer Reisesegen

Abraham – die Sehnsucht bricht auf

Vertraute Wege haben ihre Reize. Wir fühlen uns sicher. Doch wir haben auch andere Bedürfnisse, die in uns die Sehnsucht nach der weiten Welt, nach Horizonterweiterung, nach neuen Erfahrungen wecken.

Das Christentum ist eine Religion für Menschen, die aufbrechen zu neuen Erfahrungen mit ihrem Gott, der sich immer wieder in neuen »Bildern« offenbart. Ihn erkennt man am besten, wenn man gewohnte Wege verlässt, sich aufmacht, neue Seiten an sich selbst und an diesem Gott zu entdecken. Jeder Pilgertag, ein Pilgerweg und das ganze Leben ist solch eine Entdeckungsreise, ein Weg, auf dem ich täglich aufbrechen und Neues entdecken kann. Voraussetzung ist, dass ich dafür offen bin und auf meine »innere Stimme« höre wie Abraham, der Stammvater der drei monotheistischen Religionen Judentum, Christentum und Islam.

(1) Der Herr sprach zu Abram: Zieh weg aus deinem Land, von deiner Verwandtschaft und aus deinem Vaterhaus in das Land, das ich dir zeigen werde.

(2) Ich werde dich zu einem großen Volk machen, dich segnen und deinen Namen groß machen. Ein Segen sollst du sein ...

(4) Da zog Abram weg, wie der Herr ihm gesagt hatte.

Gen 12,1–2.4

Ich frage mich:

- Wodurch lasse ich mich ansprechen?
  Was treibt mich an aufzubrechen?
- Aus welchen Gewohnheiten und Einschränkungen möchte ich heraustreten?
- Welche Sicherheiten gebe ich auf?
- Welche Ängste, Sorgen und Unsicherheiten spüre ich?

Abraham

- offen und achtsam
- sich ansprechen lassen
- immer wieder neu aufbrechen
- Sicherheiten zurücklassen
- sich auf Neues einlassen
- Unsicherheiten bewältigen
- der Zusage vertrauen
- an das Gelingen glauben

Gott des Aufbruchs

Gott des Aufbruchs
segne mich
wenn ich deinen Ruf vernehme,
wenn deine Stimme lockt,
wenn dein Geist mich bewegt
zum Aufbruch
zum Neubeginn

Gott des Aufbruchs
stärke mich
wenn ich Gewohnheiten ablege,
wenn ich aus Abhängigkeiten fliehe,
um mich zu orientieren,
um neue Wege zu gehen

Gott des Aufbruchs
begleite mich
unterwegs
zu mir
zu anderen
zu dir.

Peter Müller

Auf-Brüche

Brich auf
gehe
vertraue
wage es
jeden Tag neu
dich zu verändern

Brich auf
aus sorgenvollen Gedanken
aus erstarrten Gewohnheiten
aus lähmenden Vorstellungen
aus einengenden Forderungen

Sei unterwegs
mit Leib und Seele
mit allen Sinnen
mit Vertrauten und Fremden
mit ganzem Herzen

Sei aufmerksam
für die Schönheit der Natur
für neue Wege
für unerwartete Begegnungen
für geschenkte Lebensmöglichkeiten

Sammle
auf dem Weg
zum Ziel
dich selbst ein

Brich auf
jeden Tag neu
und du wirst
verwandelt ankommen

Peter Müller

Biblische Aufbrüche

Aufbrechen, neue Wege suchen und gehen, sich dabei von Gott begleitet wissen – diesem Motiv begegnen wir im Alten und Neuen Testament häufig. Bedeutsam ist dabei für das Volk Israel die Erfahrung, dass Jahwe ein Gott des Weges ist. Er offenbart sich in Weggeschichten. Abraham bricht auf, weil er die »Stimme Gottes« hört. Doch das allein genügt nicht. Die Stimme weckt in ihm den »inneren Pilger«, d.h. die Sehnsucht und Energie, diese Mischung aus Mut, Vertrauen und Risikobereitschaft, um das Land zu verlassen, das er bis jetzt bebaut hat. Offen für das Neue bricht er auf ins ungewisse Unterwegssein, sammelt vielfältige Weg-Erfahrungen mit seinem Wegbegleiter Jahwe, die ihn und sein Verhältnis zu Gott verwandeln.

Was hier von einem Einzelnen erzählt wird, erlebte Israel im Auszug aus Ägypten und in vierzigjähriger Wüstenwanderung als ganzes Volk: Jahwe weckt den »inneren Pilger« des Volkes durch Moses. Er ist Befreier aus Knechtschaft und helfender Weggefährte. Auszug aus der Sklaverei, entbehrungsreiche Wüstenwanderung, der Wechsel zwischen Hoffnung und Resignation, zwischen Krise und neuem Vertrauen in Gottes Verheißung, das entspricht typischen Lebensstationen des Menschen. Weg-Erfahrung und Gottes-Erfahrung verbinden sich im Glauben. Gott ist nur unterwegs erfahrbar. Jede Gotteserfahrung bringt Bewegung, löst Fesseln, führt in die Freiheit und verwandelt.

Auch im Neuen Testament begegnen wir in zahlreichen Weggeschichten dem pilgernden Jesus von Nazaret. Er war unterwegs, um den Menschen zu verkünden und sie erleben zu lassen, Gott ist unterwegs mit euch. Seine Weggeschichten sind keine Randerzählungen. Mitten aus dem Leben erzählen sie vom äußeren und inneren Unterwegssein der Menschen, vom Sinn und Kern ihres Daseins (vgl. auch »Unterwegssein verwandelt«, S. 29 f. und »Gehen«, S. 65 f.)

Das Aufbrechen der Pilger im Mittelalter

Die Pilger im frühen Mittelalter wussten um ihre Sündigkeit und Heilsbedürftigkeit. Sie brauchten daher jemanden, der im Himmel für sie bittet, aber gleichzeitig mit den irdischen Problemen vertraut war und ihr Anliegen schon zu Lebzeiten Gott vermittelte. Der Apostel Jakobus entsprach diesen Vorstellungen, zumal er Jesus auf Erden begleitet hatte und als erster Apostel den Märtyrertod starb.

Bevor nun ein Pilger aus seiner Heimat oder gemeinsam mit anderen von einer Sammelstelle (z.B. im deutschsprachigen Bereich von Einsiedeln aus) aufbrach, musste er – neben der Vorbereitung seiner Ausrüstung – seine Schulden begleichen, in einem Testament seinen Nachlass regeln, beichten und die heilige Messe besuchen. Zum Aufbruch wurde während der heiligen Messe ein besonderes liturgisches Ritual zelebriert. Der oder die Pilger empfingen den Pilgersegen, danach den Pilgerstab und die Pilgertasche. Oft wurden sie unter Gesängen noch aus der Kirche, dem Dorf oder eine kurze Wegstrecke von der Gemeinde begleitet. Heute werden Elemente dieser Tradition, vor allem der Pilgersegen, in einzelnen Gemeinden wieder belebt.

GEHEN

INNEHALTEN

Wanderer, es gibt keinen Weg.
Der Weg entsteht im Gehen.
Antonio Machado

Wir wissen es aus Erfahrung: Jeder Weg, der nicht benutzt wird, wächst zu, ist bald nicht mehr zu erkennen. Nur durch Gehen wird er zum Weg. Gehen gehört zu unserem Alltag. Gerade wegen dieser Selbstverständlichkeit wird uns das Wunderbare an dieser Bewegung selten bewusst. Gehen bedeutet, einen Fuß nach dem anderen auf die Erde setzen, getragen werden vom Grund, wieder lösen, vorwärts kommen, auf ein Ziel zugehen. Für das Gehen als Bewegung kennt die Umgangssprache viele Vergleiche, z.B. »es geht wie geschmiert« oder »wie eine Schnecke gehen«, vorbeigehen oder vergehen, ich könnte »aus mir herausgehen« oder es mir »gut gehen lassen«. Indem ich meine Aufmerksamkeit auf das Gehen richte, kann etwas »in Gang kommen«.

Für den Pilger gehört das Gehen zum Tagesablauf. Beim Gehen setze ich Fuß vor Fuß, bewege mich Schritt für Schritt vorwärts. Jeder Schritt bringt mich dem Ziel näher, eröffnet Horizonte, lädt ein zu neuen Begegnungen. Tag für Tag sind es gleiche und unterschiedliche Herausforderungen, durch die ich neue Erfahrungen sammeln kann. Ich erlebe sie bereichernd, aber manchmal auch bedrückend, z.B. wenn Ängste, die fremde Sprache oder Alleinsein zu Weggefährten werden. Dann brauche ich Offenheit und Mut, dies durchzuhalten. Helfen können dabei Mitpilger oder Gefährten, doch es kommen auch Zeiten, in denen ich sie mittragen muss.

Im Gehen bewährt sich der Aufbruch. Schlecht gekennzeichnete Wege und Umwege, Hitze und Kälte, Nebel und Regen, Rastplätze und Unterkünfte zeigen mir: Der Weg setzt das Maß für mein Gehen. Ich muss mich dem Weg anpassen, ihn achtsam gehen, Schritt für Schritt. Im Loslassen des Bodens eigne ich mir mit jedem Schritt sogleich neuen Boden an, ein neues Wegstück wird mir geschenkt. »Ich komme in Gang«.

Ist das ein Bild für meine Lebenserfahrung: mich vorwärts bewegen, Schritt für Schritt, etwas aneignen und wieder hergeben, es loslassen und dafür beschenkt werden?

Anregungen zum achtsamen Gehen

Ich lade Sie ein, für einen Pilgertag oder bei längerem Unterwegssein immer wieder für eine gewisse Zeit einen Impuls auszuwählen und bewusst darauf zu achten.

Gehen –

Wie verschieden und vielfältig ist der Weg? Ich nehme wahr und spüre: die Erde, Unebenheiten, Wagenspuren, weichen oder harten Boden, Gras, Steine ...

Gehen –

Was steht so alles am Wegrand? Sehen, staunen, erkennen, fragen, davor verweilen und es betrachten ...

Gehen –

Ich achte auf mein Gehen: Wie setzen meine Füße auf (Ferse, Fußballen, abrollen)? Gehe ich locker? Bin ich frisch oder müde? Wie fest ist mein Schritt? Gehe ich aufrecht, leicht gebeugt ...? Spüre ich Gelenke, Blasen ...?

Gehen –

Ich wähle mir einen Spruch, einen Psalmvers, ein Wort oder einen Gedanken, der mich gerade anspricht (z.B. aus diesem Wegbegleiter allgemein oder speziell »Pilgern – Wegworte als Begleiter«, S. 81 f.) und ich nehme ihn oder es in mein Gehen hinein. Ich wiederhole es ständig wie eine meditative Formel und lasse mich gehend davon anregen und bereichern.

In gleicher Weise kann ich eine Weggeschichte (vgl. z.B. S. 17 oder 24) wählen und mich mit ihr auf den Weg machen; sie mir erzählen, z.B. mich in einzelne Rollen hineinversetzen und so gehend an der Geschichte teilnehmen und ihren erhellenden Sinn für mich erfahren.

Gehen –

Allein und miteinander gehen, ein gemeinsames Tempo finden, einander zuhören, erzählen, aufmerksam machen ... aneinander teilhaben.

Gehen –

Ich gehe auf dem Jakobusweg oder auf einer »Kurzstrecke« in der heimatlichen Umgebung, doch der eigentliche Weg ist mein Lebensalltag. Was könnten die Erfahrungen des Gehens dort für mich bedeuten?

Gehen möchte ich, Herr,
und gesegnet sein von dir.

Schweigen möchte ich, Herr,
und deine Stimme hören.

Schauen möchte ich, Herr,
und dich in der Schöpfung sehen.

Spüren möchte ich, Herr,
dass du mit mir gehst.

Peter Müller

INFORMATIONEN

Jesus als Wandervogel

Im Neuen Testament erleben wir einen Jesus, der ständig unterwegs ist. Er wandert von Ort zu Ort. Der Evangelist Lukas schildert Jesus in seinen »Reiseberichten« als Wanderer, der unterwegs ist nach Jerusalem, der Stadt, in der alle Verheißungen Gottes in Erfüllung gehen.

Anselm Grün nennt in einer Besinnung Jesus einen »Wandervogel«:

Wenn ich Jesus als Wandervogel betrachte, dann spüre ich seine Freiheit und die Kraft, die von ihm ausgeht. Er hat die Wanderschaft nicht als asketisches Ideal verkündet. Er macht auch keine Ideologie daraus. Er wandert einfach durch das Land. Er begegnet den Menschen. Er spricht zu ihnen. Er heilt Kranke, wenn sie auf ihn zukommen oder wenn er ihre Not erkennt. Er hat keine Verkündigungsstrategie entworfen und keinen Missionsfeldzug geplant. Er geht in Freiheit seinen Weg. Er fühlt sich gedrängt, durch die Dörfer zu ziehen und den Menschen zu sagen: »Die Zeit ist erfüllt, das Reich Gottes ist nahe. Kehrt um und glaubt an das Evangelium!« (Markus 1,15) ... Er wandert einfach in innerer Freiheit, Unbeschwertheit, Lebensfreude. Er ist immer präsent, wenn ihm jemand begegnet. Dann ist dieser Mensch der Wichtigste. Dann lässt er seine ganze Verkündigungsabsicht los und widmet sich allein diesem Menschen. In der Begegnung mit diesem Menschen zeigt sich, dass Gott nahe ist, da wird Gott sichtbar. Indem Jesus den Menschen anders anschaut, möchte er ihm seinen Blick öffnen für die Nähe Gottes. Jesus hat die Wirklichkeit mit klarem Blick wahrgenommen. Er hat die Schönheit der Natur bewundert. Er hat den Bauern bei ihrer Arbeit zugesehen. Er hat wahrgenommen, was ist. Und in allem hat er Gottes Wirken und Gottes Schönheit gesehen. Diesen Blick auf Gott in allen Dingen wollte er die Menschen lehren ... Wenn ich diesen Jesus sorglos wandern sehe, dann geht mir auf, wer Gott ist ... Ich kann mit all meiner Sorge mein Leben nicht verlängern. Ich kann mit aller Absicherung nicht das Leben gewinnen. Das Leben ist woanders zu finden, in der Freiheit, Sorglosigkeit, im Weitergehen. Nur wer geht, bleibt lebendig. Mein Leben ist ein innerer Weg, ein ständiges Wandern.

Anselm Grün

Damals und heute – Warum nach Santiago de Compostela pilgern?

Warum pilgerten so viele Menschen im Mittelalter – und heute wieder – aus fast allen Ländern Europas auf dem Jakobusweg? Was bewegte damals, was bewegt heute die Menschen, sich auf diesen Pilgerweg zu begeben? Die Beweggründe (Motive) sind vielfältig, vielschichtig und oft sehr unterschiedlich.

Verehrung eines Heiligtums oder eines Heiligen

Das gilt für alle Religionen, z.B. Jerusalem und Galiläa, wo Jesus von Nazareth lebte und wirkte; Rom, die Stadt der Apostel Petrus und Paulus; Mekka, die Stadt Mohammeds; Santiago de Compostela, das Grab des Apostels Jakobus.

Such nach Heil oder Heilung für das Leben hier, aber auch im Blick auf das Jenseits:

- Pilgern als Buße und Sühne, um von Schuld und Sünden befreit zu werden.
- Hoffen auf ein Wunder, z.B. Heilung eines Gebrechens: Ein Motiv, das für Santiagopilger nicht so im Vordergrund stand, wie z.B. für Lourdespilger.
- Erfüllung eines Gelübdes nach überstandener schwerer Krankheit.
- Dank für eine Heilung oder die Errettung aus einer Notlage.

Bevor ich aufbreche,
muss ich über mich nachdenken.
Ich werde die Mauer durchbrechen,
die mich in mir selbst zurückhält.
Es ist die Zeit der Sünde,
in der ich eingeschlossen bin.
Solang ich Buße tue,
bin ich wohl gewahrt.

Aus einem alten Pilgerlied:

Speziell mittelalterliche Beweggründe der Santiagopilger

- Politische Motive: Es begaben sich Könige, Äbte und Fürsten auf den Jakobusweg. Sie wollten zeigen, wer sie sind und auf welcher Seite sie stehen.
- Pilgern in fremdem Auftrag: Reiche Leute bezahlten Pilger (»Delegationspilger«), die stellvertretend für sie und in ihrem Namen die Pilgerreise absolvierten.
- Die Pilgerreise als Strafvollzug: Statt ins Gefängnis, wurden Menschen auf den Weg nach Santiago geschickt. Konnten sie die Pilgerurkunde nach ihrer Rückkehr vorweisen, wurde die Strafe erlassen.

Beweggründe damals und heute

- Reiselust: Fernweh und Neugier auf ein fremdes Land, auf fremde Menschen, andere Kultur und Geschichte.
- »Tapetenwechsel«: Die Pilgerreise ist ein öffentlich anerkanntes Motiv, für eine gewisse Zeit aus dem gewohnten und gut organisierten Alltag auszusteigen.
- Sehnsucht: nach Abenteuer, nach neuen Erlebnissen, nach der Erfahrung im Hier und Jetzt zu leben, ohne alles vorzuplanen; das Bedürfnis einfacher zu leben, mit weniger auszukommen.
- Der Wunsch nach einer neuen Zeiterfahrung: eine gewisse Zeit ohne Terminkalender leben.
- Suche nach religiös-spirituellen Erfahrungen, zum Teil abseits von bestimmten Ritualen und Normen, in der Verbundenheit mit der Schöpfung, Beten mit den Füßen, rückgebunden (= religio) an den Urgrund allen Daseins, »Gott«.
- Selbsterfahrung: Über das Gehen, die körperliche Anstrengung und spirituelle Besinnung sich ganzheitlich mit Leib, Geist und Seele erfahren.
- Bewusste Gestaltung einer Übergangssituation, z.B. beim Wechsel von der Arbeitswelt in die Pensionierung, sich verabschieden und sich neu orientieren.

ENTSCHLEUNIGEN

INNEHALTEN

Wenn du es eilig hast,
gehe langsam.
Lothar J. Seiwert

Unsere Zeit ist schnelllebig. Immer mehr soll in kürzerer Zeit getan, rationeller geleistet und schneller erreicht werden – im Sport, in der Wirtschaft, im Verkehr, beim Schnellimbiss, auf Reisen bis in den Alltag hinein. Selbst auf dem Jakobusweg treffen wir Menschen, die täglich 130-160 km mit dem Fahrrad zurücklegen oder 40 und mehr Kilometer gehen, als wollten sie einen Streckenrekord aufstellen. Doch was haben sie dann gesehen, gehört, gerochen, geschmeckt und erlebt? Mehr Dinge schneller zu tun, heißt noch lange nicht, das Richtige tun. Ich schlage Ihnen vor, zur Einstimmung in das Thema zunächst die Geschichte auf der Eingangsseite zum II. Teil, Seite 47 zu lesen.

Die Seele reist langsam, am liebsten zu Fuß. Sie braucht Zeit. Unser Körper hat sich vielleicht schon an das erhöhte Tempo gewöhnt. Er reagiert noch nicht mit krankhaften Signalen, aber die Seele ist sensibler. Ja, sie scheint – so die häufige Erfahrung – sich umso »schneller« und intensiver zu entwickeln, je langsamer das Tempo ist. Das für Maschinen geltende Prinzip: beschleunigen, mehr produzieren, Qualität bis zu einem gewissen Maß verbessern bzw. halten, das lässt sich nicht auf die Menschen übertragen. Viel eher gilt das Gegenteil, wie zunehmende psychosomatische Erkrankungen und Burnoutschäden, hervorgerufen durch Stress, Termindruck und Belastungen, zeigen. Eine ständig beschleunigte Lebensweise verschleißt den Menschen an Körper, Geist und Seele.

Entschleunigung ist gefordert. Wer menschlicher und ausgeglichener leben, wer seine Lebensqualität verbessern will, muss entschleunigen. Das bedeutet, sich selbst wieder in den Blick zu nehmen und auf den inneren Tacho schauen. Sie sind eingeladen, sich mit folgenden Fragen zu beschäftigen. Ihre Gedanken und Antworten können Sie im Tagebuch festhalten.

- In welchen Bereichen stimmt mein äußeres Tempo nicht mit meiner inneren Gestimmtheit überein?
- Was treibt mich immer wieder an, vieles möglichst schnell zu erledigen? Wodurch komme ich unter Druck? Wie spüre, wie erlebe ich diesen Druck?
- Was hindert mich daran, Nein zu sagen? Oder gar aus dieser Aufgabe, aus diesem Beruf auszusteigen?

Eine beschleunigte Lebensweise ist häufig ein Zeichen für mangelndes Vertrauen. Viele Menschen wollen immer schneller immer mehr, um einerseits möglichst viel mitzunehmen und um andererseits auf alle Eventualitäten vorbereitet zu sein. Doch »wer vertraut, wird nichts beschleunigen wollen« (Jesaja 28, 16). Er lässt die Dinge, wie sie sind, und bemüht sich, Abstand zu gewinnen. Er vertraut dem inneren Wachstumsgesetz der Pflanze wie dem Biorhythmus des Menschen. Er kann warten, zuschauen und zulassen. Wer das nicht kann, wird letztlich von Angst getrieben, denn »die Angst ist die Triebfeder der Beschleunigung« (Anselm Grün).

- Von Ängstlichkeit getrieben? Mangel an Vertrauen? In welchen beschleunigten Verhaltensweisen oder Situationen beobachte ich das an mir?
- Entschleunigen – eine Einladung an mich! Was will ich bei mir verändern? Welche Möglichkeiten kann ich an diesem Pilgertag, auf dieser Wegstrecke oder während dieser Tage schon nutzen bzw. einüben?
- Womit werde ich heute bzw. morgen beginnen?

Heilender Gott

Ich arbeite, arbeite ...
Lass mich unterbrechen
heilender Gott

Ich eile dahin
Lass mich langsam gehen
heilender Gott

Ich bin innerlich aufgewühlt
Lass mich Ruhe finden
heilender Gott

Ich fühle mich zerrissen
Schenke mir Einheit
heilender Gott

Ich gehe neue Wege
Begleite mich
heilender Gott

Peter Müller

Klöster als Mahnzeichen der Entschleunigung

Wo immer wir auf Pilgerwegen unterwegs sind, treffen wir auf Klöster. Kleinere oder größere, lebendige Gemeinschaften oder zerfallene bzw. für andere Zwecke genutzte Klosteranlagen. Sie alle sind ein Mahnzeichen der Entschleunigung in einer von Wachstum, Trends, Medien, Informationsfülle und Hektik gekennzeichneten Zeit. Klöster sind Orte der Kraft, Treffpunkte der Sammlung und Stille, der Besinnung für all unsere Sinne. Sie sind Gasthäuser der Einkehr und der Umkehr.

Mitten in dieser Welt gibt es einen abgeschlossenen Raum, ein »claustrum«. Abgeleitet von »claudere«, d.h. schließen, ist damit die Abgeschlossenheit eines Klosters gemeint, in dem die Mönche bzw. Nonnen ihren Rhythmus von Ruhe und Tätigkeit, Stille und Gebet leben. Es war ursprünglich so angelegt, dass sich alles Notwendige innerhalb der Klostermauer befand. So brauchten die Mönche und Nonnen nicht draußen herumlaufen, »was ihren Seelen ja durchaus nicht zuträglich wäre« (Regel des Benedikt 66, 6 und 7). Claustrum meint also den geschlossenen Raum, das ummauerte Kloster, vergleichbar dem, was wir in Klöstern heute als »Klausur« bezeichnen. Die Klostermauer allein schützte schon damals nicht – und heute praktizieren die meisten Ordensgemeinschaften ein offenes Kloster, wobei die Klausur ein lebensnotwendiger Bestandteil ist – Schutz vor den hektischen Einflüssen des Umfeldes. Heute im Medienzeitalter notwendiger denn je. Für die Unterbrechung, für den geschlossenen Raum ist jeder selbst verantwortlich.

»Ora et labora – bete und arbeite«

Benedikt wusste um die notwendige Balance zwischen aktiver Tätigkeit und Rückzug auf die eigene Innerlichkeit. »Denn er kennt keine Trennung von Innerlichkeit und Engagement, von Gottesbezug und Stehen in der Welt. Unser ganzes Leben spielt sich für Benedikt in der Gegenwart Gottes ab« (Anselm Grün, Benedikt von Nursia, Münsterschwarzach, 1979, S. 15). Diese Erkenntnis verbindet er in seinem bekannten Leitsatz: »Ora et labora – bete und arbeite«. Diese Verbindung ist geradezu genial und eine Einladung zur Entschleunigung des Alltags, auch an uns. Für uns gilt das Gleiche, was Benedikt seinen Mönchen zuruft: Halte inne, atme durch, nimm Beziehung zu dir selbst auf und lebe in der Gegenwart Gottes, wo immer du auch bist. Denn »in der Gegenwart Gottes arbeiten verlangt, dass ich mit innerer Ruhe und ohne Hast arbeite, aus der eigenen Mitte heraus, gesammelt, mich ganz auf meine Arbeit einlasse« (Anselm Grün, a.a.O., S. 28). Unterbrechen, entschleunigen, bewusst langsam gehen und handeln sind wichtige Schritte zur Lebensbalance.

LABYRINTH – UNTERWEGS ZUR MITTE

INNEHALTEN

»Im Labyrinth verliert man sich nicht.
Im Labyrinth findet man sich selbst.«
Hermann Kern

Geht es Ihnen ähnlich wie mir? Ich entdecke in einer Zeitschrift oder einem Bildband ein Labyrinth – da suche ich den Weg in seine Mitte. Warum? Was fasziniert mich so?

Ein Labyrinth ist – entgegen weit verbreiteter Vorstellungen – kein Irrgarten. Alte Labyrinthe haben weder Kreuzungen noch Sackgassen. Alle Wege eines Labyrinths führen über Umwege zur Mitte und von dort wieder zurück. Labyrinthe sind Symbole unseres Lebens. Für sie gilt: Im Labyrinth sind wir unterwegs und wir finden uns. »Es ist ein Gehen und Suchen und Suchen und Gehen ... Alles kommt darauf an, nicht aufzugeben, nicht zurückzuwollen, sondern die Mitte anzustreben« (Hubertus Halbfas, Der Sprung in den Brunnen, Düsseldorf [8]1988, S. 32). Erleben Sie es selbst.

Ich lade Sie ein zu einer Übung. Sind Sie schon einmal – nur mit den Augen und ohne Hilfsmittel – den Weg eines Labyrinths vom Eingang bis zum Zentrum gegangen? Ich lade Sie ein, es zu probieren. Beginnen Sie am Eingang und gehen Sie – nur mit den Augen – den Weg zur Mitte. Wie geht es Ihnen dabei? Brauchen Sie Ihre Finger oder einen Stift als Hilfe? Wie erleben Sie die Ankunft in der Mitte?

Finden Sie auf gleiche Weise den Weg von der Mitte zum Ausgang zurück?

Meine Erfahrungen unterwegs im Labyrinth:

Vom Eingang ins Zentrum? ←——→ Von der Mitte zum Ausgang?

Das Begehen mit den Augen ist zunächst mühsam. In den Kurven gerate ich ins Wanken, halte an, werde unsicher, vergewissere mich oder fange wieder von vorne an. Ich muss mich konzentrieren, manchmal bin ich nahe am Zentrum, dann führt der Weg wieder weg von ihm. Was habe ich falsch gemacht? Ich gehe weiter, in einem Rhythmus, ich, meine Seele, brauchen Zeit, und ich finde den Weg zur Mitte.

Und nun der Weg zurück. Wieder andere Erfahrungen. Erst mehrmaliges Erwandern – gehen Sie den Weg auch einmal mithilfe eines Stiftes – schafft Vertrauen in die verwirrenden Wege. Ist das ein Bild für mein tägliches Leben?

Ich lade Sie ein, einen Moment innezuhalten und sich an eine Situation zu erinnern, in der Sie aufgebrochen sind, um ein Ziel zu erreichen.

- Was wollte ich erreichen? Was waren meine Beweggründe?
- Was ist mir gelungen? Welche Schwierigkeiten gab es? War ich allein? Brauchte ich Begleitung oder Unterstützung?
- Was hat mich ermutigt durchzuhalten?
- Wie erlebe ich »in meiner Mitte sein«?

Meinem Stern folgen
vertrauend
hoffend
mit offenen Sinnen
unterwegs bleiben.

Meinem Stern folgen
auch wenn mir der Weg
zu lang
zu mühsam
zu schwierig scheint.

Meinem Weg folgen
so
meine Aufgaben erfüllen
mein Ziel erreichen
neu leben.

Max Feigenwinter

Das Labyrinth als Symbol

Labyrinthe haben ihre Wurzeln im Mythischen. Im westlichen Kulturkreis vor allem in der Sage von dem griechischen Helden Theseus und der in ihn verliebten Ariadne und ihrem Faden. Doch schon seit Jahrtausenden existieren Labyrinthe in unterschiedlichen Formen. Mythos und Magie, Dekoration und Entspannung, Geheimnis und Herausforderung – das Phänomen »Labyrinth« verwirrt durch seine Vielfalt den, der sich damit beschäftigt.

Ein Labyrinth ist kein Irrgarten. Ein Irrgarten ist eine Anlage, deren Wege sich kreuzen und verzweigen, die auch in Sackgassen oder in die Irre führen können. Ein Labyrinth dagegen besteht aus einem gewundenen Pfad, der über Umwege in die Mitte führt und von dort auf gleiche Weise wieder heraus. Wer unterwegs nicht aufgibt, kommt im Zentrum an. Ein Labyrinth ist eine spezifische Form des Weges. Ich erlebe mich außerhalb des Labyrinths und suche den Weg nach innen. Es gibt nur einen Zugang. Wenn ich eintrete, öffnet sich mir zwar der Weg, aber nach einer kurzen Geraden windet er sich in Pendelschwingungen hin und her. Durch die »Umwege« werde ich unsicher und ängstlich, ich suche nach Wegzeichen, stelle Fragen, bin fast schon in der Mitte, werde wieder von ihr weggeführt und weiß nicht, ob ich in der Mitte ankomme und was mich dort erwartet. Den gewundenen Weg kann ich aber auch erleben als eine »allmähliche Annäherung« (Otto Betz). Geduldig und optimistisch gehe ich ihn durch das Labyrinth auf die Mitte zu. Sie bildet – wie oft die innere Struktur des Labyrinthes auch – häufig eine Kreuzform und weist auf die vier Himmelsrichtungen hin. Zur Mitte stoße ich jedoch nur vor, wenn ich aktiv Unsicherheiten bearbeite, mich um Orientierung bemühe und mein Ziel überprüfe. Die Anordnung des Weges im Labyrinth ist mir unterwegs behilflich, vorausgesetzt, ich erkenne sie als orientierendes Wegzeichen an.

Die Mitte, das Zentrum ist mein Ziel – doch nicht für ewig. Dort kann ich verweilen und Energie tanken, ich muss aber irgendwann meine Gehrichtung ändern. Ich erreiche die Außenwelt nur, wenn ich den gleichen Weg zurückgehe und der Eingang für mich zum Ausgang wird. Im Lebensalltag – im »Labyrinth Welt« – müssen sich die Erfahrungen dieses Unterwegsseins zur Mitte und von dort zurück neu bewähren. Damit ist das Labyrinth ein Symbol unseres Lebens.

Es lädt uns ein, immer neu die Pilgerreise zu wagen. Nur so kann es gelingen, die Welt und mich selbst zu verstehen und Sinnspuren für meinen Lebensalltag entdecken.

Solche Sinnspuren entdeckten schon die Christen in antiken Labyrinthen. Sie werden zum Weg-Symbol durch die gefährliche und bedrohliche Welt, durch heidnische Irrtümer bis in die Mitte, die als »Sancta Ecclesia« beschrieben wird. Im Labyrinth von Chartres – dem das Labyrinth auf der Seite 77 nachgebildet ist – windet sich der labyrinthische Weg in elf konzentrischen Kreisen zur Mitte. In der Zahlensymbolik ist die »Elf« negativ belegt mit Hochmut, Maßlosigkeit und Sünde, aber auch Mangel und Unvollständigkeit (mehr als zehn; weniger als zwölf). Der Christ ist auf der Suche nach dem Heil und sein Unterwegssein durch die elf Bereiche des Labyrinths wird zum Zeichen eines Reife- und Erkenntnisprozesses. Im Westen – im Todesbereich, dort wo die Sonne untergeht – tritt er, wie in Chartres, in die Kirche, aber auch ins Labyrinth ein. »Der Eintretende trägt noch seine ganze schuldbeladene Existenz mit sich und wird vom Labyrinth eingeladen, einen Weg der Sühne und Umkehr zu gehen, damit er sich dem Mysterium nähern kann. In gewisser Weise wird eine immer wieder zu erneuernde Initiation verlangt, eine spirituelle Besinnung. Dazu kommt, dass durch die Wendepunkte des Labyrinths Achsen entstehen, die ein großes, durchgehendes Kreuz erkennen lassen. Im Kreuz erfährt der Mensch Läuterung, und es wird ihm Hoffnung geschenkt, in die Vollendung einzugehen.« (Otto Betz, Labyrinth des Lebens, Freiburg 1999, S. 62). Der »Weg zur Mitte« – als Gang durchs Labyrinth, als ritueller Ostertanz oder als Symbol für mein Leben – wird zum Hoffnungsweg, aus dem »Irrgarten der Welt und der eigenen Verstrickung« zu einer neuen Lebensorientierung.

WEGWORTE ALS BEGLEITER

INNEHALTEN

Du hast meinen Füßen freien Raum geschenkt

Ps 31,9

Wir sind – so das Psalmwort – in den weiten Raum hineingestellt. Er wurde uns geschenkt! Was tun wir? Ich meine, wir sind eingeladen, ja aufgefordert, die Weite des Raumes und die damit gegebene Freiheit verantwortlich zu nutzen, d.h. sich in Bewegung zu setzen, Schritte zu wagen, zu gehen. Unterwegssein – auf realen Wegen, auf Irr- und Umwegen, aber auch spirituell – gehört zu unserem Leben. Augustinus meint: »... wandere. Am Ende deines Weges begegnest du dem lebendigen Gott.« Doch nicht erst irgendwann und irgendwo im »Himmel«. Ich lese dazu folgende bekannte, aber immer wieder ansprechende Erzählung:

Es waren zwei Mönche, die lasen miteinander in einem alten Buch, am Ende der Welt gäbe es einen Ort, an dem der Himmel und die Erde sich berühren. Sie beschlossen, ihn zu suchen und nicht umzukehren, ehe sie ihn gefunden hätten. Sie durchwanderten die Welt, bestanden unzählige Gefahren, erlitten alle Entbehrungen, die eine Wanderung durch die ganze Welt fordert, und alle Versuchungen, die einen Menschen vom Ziel abbringen können. Eine Tür sei dort, so hatten sie gelesen, man brauche nur anzuklopfen und befinde sich bei Gott. Schließlich fanden sie, was sie suchten. Sie klopften an die Tür, bebenden Herzens sahen sie, wie sie sich öffnete, und als sie eintraten, standen sie zu Hause in ihrer Klosterzelle.

Da begriffen sie: Der Ort, an dem Himmel und Erde sich berühren, befindet sich auf dieser Erde, an der Stelle, die Gott uns zugewiesen hat.

Wer kennt das nicht: Ein Buch, eine Geschichte, ein Film oder Reisebericht, die Erzählung von Freunden oder ein treffendes Wort wecken eine Sehnsucht, motivieren mich, etwas anderes als das bisher Gewohnte zu tun, lassen mich aufbrechen zu einem Pilgertag vor der Haustür, zu einer längeren Pilgerwanderung.

Pilgern, das ist Ortsveränderung – geografisch, körperlich und spirituell. Ich verlasse den Strom selbstzufriedener Behäbigkeit, erlebnisorientierter Freizeitparks oder beschleunigter, stresshaltiger Lebensweise und gehe neue Wege. Pilgern, das ist ein leib-seelisches Unterwegssein, ein befreiendes Gehen auf Jakobuswegen oder anderen Wanderwegen hin zu Orten der Ruhe, des Aufatmens, des Loslassens, hin zu orientierenden Zielen. Liegt das neue Glück also auf dem Weg, auf der Straße? Ja, aber nur, wenn ich achtsam und mit wachen Sinnen meinen Weg gehe, mich selbst, meine Gefühle und Gedanken, meinen Leib und mein Befinden wahrnehme, wenn ich mich berühren lasse von Begegnungen mit der Landschaft, den Menschen, der geschichtlichen Kultur am Pilgerweg, mit mir selbst und Gott. Ja, wenn ich lerne, Einschränkendes loszulassen und mich auf mein Unterwegssein einzulassen. Hier eröffnet sich mir eine Chance, mich einzuüben, meinem Leben eine neue Richtung zu geben. Denn der eigentliche Pilgerweg ist mein Lebensalltag.

Sich einüben und orientieren – dazu geben die folgenden »Weg-Worte« aus unterschiedlichen Quellen Anregungen. Als spirituelle Begleiter bringen sie »Weg und Unterwegssein« pointiert zur Sprache. Sie sind eingeladen – zu Beginn der Tageswanderung oder vor einem Streckenabschnitt, den Sie alleine gehen wollen – ein »Weg-Wort« auszuwählen. Suchen Sie keine intellektuelle Begründung für Ihre Wahl. Folgen Sie Ihrem Gefühl.

Beginnen Sie mit einem bewussten Atmen und einem langsamen Gehen. Achten Sie auf Ihren Atem. Wiederholen Sie immer wieder den ausgewählten Spruch oder ein Wort daraus, das Ihnen im Moment sehr wichtig ist. Verbinden Sie Gehen, Atmen und Sprechen zu einem Rhythmus. Gehen Sie in den Spruch oder das Wort hinein und lassen Sie Ihre Assoziationen dazu kommen. Spüren Sie im »Wiederkauen« des Wortes seinem Sinn mit Leib, Geist und Seele nach. Im Wiederholen nehmen Sie den Spruch auf, verweilen bei ihm und lernen ihn zu verstehen.

Gott –
ich gehe Schritt für Schritt
und du in meinen Schritten.

Gott –
ich gehe Schritt für Schritt
und Fried' in meinen Schritten.

Gott –
ich gehe Schritt für Schritt
Gerechtigkeit in meinen Schritten.

Anton Rotzetter

Wenn Sie zu zweit oder in einer Gruppe unterwegs sind, können Sie nach einiger Zeit mit einem Mitpilger Ihre Gedanken austauschen oder in einem Abendgespräch gemeinsam auf den Tag und den von jedem gewählten Spruch zurückblicken.

Zum Einüben gehören Wiederholen und Vertiefen. An einem anderen Tag, zu anderer Gelegenheit spricht Sie ein anderes »Weg-Wort« an und begleitet Sie für einige Zeit. Sie sind dazu eingeladen.

Weg-Worte zur Auswahl

»Ich bin ein Sucher eines Weges, der breiter ist als ich.« *Gunther Kunert*

»Es hat keinen Sinn, irgendwohin zu gehen und zu predigen,
wenn nicht das Gehen die Predigt ist.« *Franz von Assisi*

»Pilgern heißt, wach sein für die Chance des Augenblicks:
Ganz bei mir, offen für den Weg, unterwegs zum Ziel.« *Peter Müller*

»Wer ein Ziel hat, nimmt auch schlechte Straßen in Kauf.« *Kyrilla Spieker*

»Wer seinen Weg findet, braucht keine Laufbahn.« *Michael Rumpf*

»Die meisten Menschen bewegen sich auf dem goldenen
Mittelweg und wundern sich, wenn er verstopft ist.« *Hellmut Walters*

»Auf dem Weg zu Gott still stehen heißt zurückgehen.« *Bernhard von Clairvaux*

»Wer losgeht und seine Angst hinter sich lässt,
fühlt sich frei.« *Mäuse-Strategie für Manager*

»Wer in den Fußstapfen eines anderen wandelt,
hinterlässt keine eigenen Spuren.« *Wilhelm Busch*

»Es kommt die Zeit, da wirst du spüren, dass du dich selbst erkennen,
deine eigenen Wege gehen und deine eigenen Träume leben musst.«
Sergio Bambaren

Anregung:

In diesem Wegbegleiter finden Sie an anderen Stellen weitere Sprüche, Zitate, Texte oder Geschichten, die Sie in gleicher Weise in Ihr spirituelles Unterwegssein einbinden können. Beispiele:

- Die Sprüche, die zu Beginn jedes neuen Themas stehen.
- Zitierte Psalmen wie auf Seite 105 »Er lässt deinen Fuß nicht wanken« (Ps 121,3).
- Ein Gebets- oder Textauszug, z.B. aus dem Text »Manchmal muss ich mich suchen gehen« (S. 44) u.v.a.

INFORMATIONEN

Pilgerführer und Pilgerberichte

Je mehr sich der Jakobuskult seit der Grabauffindung (ca. 814) entfaltete, umso mehr entstanden **Pilgerführer** und **Pilgerberichte** bis in die heutige Zeit.

Die älteste und wichtigste Schrift für den Pilgerweg nach Santiago de Compostela, in die ein **Pilgerführer** integriert wurde, ist der »Codex Calixtinus«, ein Sammelwerk, basierend auf verschiedenen Vorlagen. Es entstand im 12. Jahrhundert (1160-70) und wird in der Regel als »Liber Sancti Jakobi«, das Buch des heiligen Jakobus, bezeichnet. Es besteht aus fünf Teilen, wobei nur der fünfte Teil den eigentlichen Pilgerweg (Hinweis auf die Zugangswege durch Frankreich, Wegetappen in Spanien) beschreibt. Diese fünf Teile sind:

1. Lesungen, Predigten und liturgische Texte zu Ehren des Apostels Jakobus
2. Sammlung von 22 dem Jakobus zugeschriebenen Wundern
3. Buch der Translatio, d.h. der Legenden, die von der Überführung des Jakobus von Palästina nach Galicien erzählen
4. Geschichte des Feldzugs Karls des Großen nach Spanien
5. Pilgerführer, der in 13 Etappen den Pilgerweg von den Pyrenäen durch Nordspanien bis nach Santiago de Compostela beschreibt – mit allen heiligen Stätten, Kunstwerken, Sitten und Unsitten, Landschaften, Herbergen und Gefahren, enthält Beschreibungen, moralische Appelle, Vorschriften, Empfehlungen und Ratschläge

Etwa ab dem ausgehenden 15. Jahrhundert bis in unsere Zeit entstehen andere Pilgerführer, die jedoch auch die Zugangswege in Frankreich, Deutschland, der Schweiz und anderen Ländern einbeziehen bzw. Teilstrecken in den Mittelpunkt rücken. Pilgerführer sind heute – neben den Wegmarkierungen – hilfreiche Begleiter, sich auf den Weg einzustimmen, sich mit ihm vertraut zu machen, sich zu orientieren (vgl. dazu Pilger-Wanderrouten-Führer, S. 174).

Pilgerberichte sind persönliche Erzählungen von einer Pilgerreise. Im Mittelpunkt stehen Erlebnisse und ihre Deutung: Begegnungen mit Menschen, mit einer anderen Kultur, mit fremden Bräuchen und der Landschaft, aber auch persönliche Erfahrungen mit dem Unterwegssein, mit der Auseinandersetzung mit eigenen Wünschen, Motiven, Gedanken, Beschwernissen, Erfolgen und Grenzen. Beispiele dazu auf den Seiten 13 und 35.

ACHTSAM LEBEN MIT ALLEN SINNEN

INNEHALTEN

Die fünf Sinne
sind die »Stiegen«,
auf denen die Seele
hinausgeht in die Welt
und auf denen
die Welt zur Seele geht.
Meister Eckhart

Achtsam zu leben, das heißt für viele, die Energie aller Aufmerksamkeit in den Augenblick fließen zu lassen. Doch Achtsamkeit umfasst mehr. Ausgehend von den sinnlichen Wahrnehmungen (sehen, hören, riechen, schmecken, berühren) umfasst Achtsamkeit »das Zusammenwirken der Wahrnehmungen, Empfindungen, Gefühle und Gedanken. Wenn ich achtsam bin, verbinde ich das Innen mit dem Außen, das Ich mit der Welt« (Claudio Hofmann, Achtsamkeit, Stuttgart 2002, S. 23). Achtsam leben heißt also, in der Gegenwart leben und sich ihrer bewusst sein.

Unsere Lebenssituation führt zu einem »spezialisierten Gebrauch« und zu einer reduzierten, abgestumpften Benutzung der Sinne. Unsere Sinne sind überreizt mit zu vielen und schnell wechselnden Bildern, lauter Musik und Straßenlärm, zu heißem Essen, zu kalten Getränken, asphaltierten Wanderwegen usw. Wir nehmen Dinge wahr und ordnen sie blitzschnell ein. Wir nehmen uns keine Zeit mehr hinzuschauen, hinzuhören, zu berühren, zu riechen. Diese Fähigkeiten unserer Sinne verkümmern, außer wenn wir sie zu beruflichen Zwecken trainieren müssen, wie z.B. als Musiker, Weinprobierer, Maler. Wir sehen, hören, schmecken »etwas«, doch dieses »Etwas« hat keine Tiefenwirkung, es kommt nicht in der Seele an.

Wir sind unterwegs auf Pilgerwegen. Vor der Haustüre oder weiter weg. Da gibt es viel zu erleben. Keine spektakulären Erlebnisse, sondern einfache »Wunder«, die uns der Weg, die Natur und Kultur zu bieten haben. Unterwegs haben wir Zeit und können die verkümmerten Fähigkeiten unserer Sinne aufwecken und neu einüben. Die folgenden Anregungen zum Sehen, Hören und Berühren laden dazu ein, die Welt um uns und in uns mit allen Sinnen achtsamer wahrzunehmen. Wichtig ist dabei, dass Sie immer nur eine Übung auswählen und sich achtsam auf diese »Sinnes-Impulse« für eine gewisse Zeit konzentrieren.

Vom Hin-Sehen zum Hinein-Sehen, zum Staunen

Auf Pilgerwegen gibt es eine Menge zu sehen. Ich achte auf das, was ich sehe, halte an, bleibe stehen oder setze mich: ein Blick in ein Tal, auf die weite Landschaft oder ein mit Mohnblumen durchsetztes Weizenfeld. Ich halte inne vor einem Baum, einer blauroten Distel, einem Felsen, einer verfallenen Mauer, einem Kirchenportal, einer Blume am Wegesrand, die aus einer alten Mauer wächst, einem farbenfrohen Berghang mit blühenden Büschen. Ich halte inne und »begehe« mit meinen Augen das, was vor mir steht oder liegt. Ich sehe Einzelheiten, Farben, Formen, Beschaffenheit, Zusammenhänge, Konturen, Erhebungen, Einschnitte, Verletzungen, Bewegungen, Licht und Schatten. Ich schaue hin, sehe und nehme wahr.

Doch es bleibt nicht beim Hin-sehen. Der Baum lebt, die Mauer wurde gebaut und zerfällt, der Mohn leuchtet, das weite Land ... All diese Dinge berühren mich, rufen Gedanken hervor. Ich lasse mich auf das, was ich sehe ein, nähere mich seinem Zentrum, beginne hineinzusehen. Im Hinein-Sehen erlebe ich zunächst, was das Geschaute in mir auslöst, und ich frage mich z.B.: Welches neue Leben könnte aus meinen Mauern wachsen? Was wollen mir das Kirchenportal, der Stein, die Blume erzählen? Ein weiterer Aspekt des Hinein-Sehens ist ein Perspektivewechsel. Ich schaue die Welt an aus der Sicht der Blume, des Baumes, des Steins. Diese Perspektive konfrontiert mich mit der je spezifischen Geschichte.

Ich sehe von innen, mache mich vertraut mit Entstehen, Wachsen, Schicksal, Freude und Verfall, aber auch damit, was mich das alles angeht. Denn alles, was mir begegnet, was ich sehe, ist meiner Sorgfalt anvertraut. Erst das Hinein-Sehen lässt mich achtsam sein, lässt mich fragen und über den Urgrund, den Schöpfer aller Dinge, staunen.

Gott,
du nimmst den Zeichenstift – und die Linien tanzen.
Du spielst die Flöte – und die Töne schimmern.
Du bewegst den Pinsel – und die Farben singen.

So wird alles sinnvoll und schön jenseits der Zeit,
in dem Raum, der du bist.
Wie könnte ich irgendetwas zurückhalten von dir?

Dag Hammarskjöld

Hören auf die leisen Töne

»Geräusche sind nur die andere Seite der Stille. Inmitten jedes Geräusches herrscht Stille« (Anthony de Mello). Wir leben in einer inflationären Zeit der Worte und der Information. Unsere Ohren werden in einer lauten und motorisierten Welt belastet und überfordert. Schwerhörigkeit, Weghören, Überhören und Tinnitus nehmen zu. Horchen, Zuhören, Lauschen und das Wahrnehmen der leisen Töne werden immer seltener. Oft sind es jedoch die leisen Töne, manchmal die Zwischentöne, die etwas Bedeutsames ankündigen.

Unterwegs lerne ich auf äußere und innere, einfache und leise Töne zu achten:

Ich bleibe stehen oder setze mich, schließe die Augen und richte meine Aufmerksamkeit ganz auf die Geräusche, die ich höre: laute und leise, entferntere und nahe, hohe und tiefe, angenehme und unangenehme, gleiche und gegensätzliche.

Ich verbinde die Töne wie die Instrumente eines Orchesters und nehme sie als Ganzes wahr. Ich genieße die Stille und die Töne.

Ich konzentriere mich auf ein Geräusch. Höre auf seine Töne und frage mich: Was teilt das Geräusch mir mit?

Zum Schluss richte ich meine Aufmerksamkeit auf meinen Atem. Ich höre ihn, nehme ihn körperlich wahr, wie er ein- und ausströmt. Dann öffne ich die Augen, nehme die Umgebung wieder wahr, dehne und strecke mich. Abschließend spreche ich ein freies Dankgebet oder das folgende Gebet von Jörg Zink.

(Hinweis: Sie können diese Übung – natürlich mit offenen Augen – auch im Gehen durchführen. Achten Sie dabei auch auf die Geräusche des eigenen Gehens und den Rhythmus der Schritte).

Schweigen möchte ich, Gott,
und auf dich warten.

Schweigen möchte ich, damit ich verstehe,
was in deiner Welt geschieht.

Schweigen möchte ich,
damit ich den Dingen nahe bin,
allen deinen Geschöpfen, und ihre Stimmen höre.

Ich möchte schweigen,
damit ich unter den vielen Stimmen die deine erkenne.

Ich möchte schweigen und darüber staunen,
dass du für mich ein Wort hast.

Ich bin nicht wert, dass du zu mir kommst,
aber sprich nur ein Wort, so wird meine Seele gesund.

Jörg Zink

Berühren und berührt sein

Weil wir uns eher mit den Augen und Ohren orientieren, ist unser Tastsinn häufig etwas verkümmert. Das Be-greifen eines Gegenstandes, einer Sache ist von der Hand in den Kopf gestiegen und der Tastsinn ist reduziert auf die »Tasten« von Geräten, Maschinen und Computern. Doch unser Tastsinn, die Haut, ist das größte Sinnesorgan des Körpers und für die Entwicklung des Menschen sehr wichtig. Was haben wir nicht alles über unsere Hände, unsere Füße und unseren Mund berührt und angefasst, gedrückt und gelutscht, ertastet und erforscht und dadurch begriffen? Berühren dürfen und berührt werden – das ist zentral für das menschliche Leben vom Säugling bis zum Sterbenden. Wer nicht berührt wird, erkaltet und schottet sich ab. Wer nicht berühren darf, wird scheu und erstickt seine Berührungswünsche, be- und verhindert Beziehungen zu Menschen und zur Natur. Er lässt sich nicht berühren und kann nicht berührt sein.

Während des Pilgerns gibt es genug Gelegenheit, unseren Tastsinn zu trainieren, Berührungen wahrzunehmen und berührt zu sein.

Mit den Händen ertasten

Nach einer Wanderstrecke sitze ich am Waldrand und nehme ein Blatt, eine Baumrinde, eine Frucht, einen Klumpen Erde oder Lehm, eine Wurzel, einen Stein und ertaste sie der Reihe nach. Ich schließe dabei die Augen, lasse mir Zeit, um einen oder mehrere Gegenstände tastend zu erkunden, von der Form über die Größe bis zu den vielen kleinen Unterschieden seiner Beschaffenheit.

Mit den Füßen erspüren

Unsere Füße haben mehr taktiles Vermögen als wir ihnen zutrauen. Ich ziehe daher am Rastplatz Wanderschuhe und Strümpfe aus, strecke die Füße in die Luft und spüre den Wind, die Wärme der Sonne oder die kalte Witterung. Ich gehe langsam im Gras, auf dem Moos, dem Sand, dem Weg, den Steinen, im Bach und nehme bewusst den Untergrund, seine Beschaffenheit, angenehme und unangenehme Berührungen wahr (vgl. weitere Anregungen unter »Fußfassen«, S. 103).

Schöpferisches Tun

Im Umarmen des Baumes
im Staunen über die Regentropfen auf den Blättern
im Fließen der Quelle
sind wir berührt von deiner geheimnisvollen Gegenwart

Im Genießen des Meeres
im Freiheitsdrang der Pferde
im Spazieren unter dem klaren Sternenhimmel
sind wir bewegt von deiner geheimnisvollen Gegenwart.

Im Stillewerden
dich loben
von deinen wunderbaren Taten erzählen
die das Leben so kostbar
vielfältig werden lassen

Pierre Stutz nach Psalm 96,3

INFORMATIONEN

Jakobusdarstellungen – die Wandlungen des Apostels

Wenn wir achtsam unterwegs sind, erkennen wir auf Pilgerwegen immer wieder die Gestalt des Apostels Jakobus (hebräisch Ya'aqov'el = Gott möge schützen). Sie wurde im religiösen Leben des mittelalterlichen Menschen in ganz Europa zu einer allgegenwärtigen Figur, der wir in unterschiedlichen Typisierungen in Kirchen, an Fassaden und Portalen, auf Bildern und Altären als Einzelfigur oder in Gruppendarstellungen begegnen. Dabei können wir die verschiedenartigen (Ver-)Wandlungen mit unterschiedlichem Symbolgehalt beobachten.

Jakobus, dem Apostel, begegnen wir in den frühesten Darstellungen ohne spezielles Symbol. Er ist bekleidet mit einer Toga, barfuß und hält ein Buch oder eine Schriftrolle. Darin unterscheidet er sich nicht von anderen Aposteln. Gekennzeichnet wird er lediglich durch die Beischrift seines Namens oder eine herausgehobene Zuordnung im ikonografischen Programm einer Fassade oder Kirche. So z.B. wenn er am Südportal (Puerta da las Platerias) der Kathedrale in Santiago de Compostela zur Rechten Christi für seine Treue zu ihm diesen Ehrenplatz einnimmt.

- *Jakobus als Märtyrer*, der mit dem Schwert enthauptet wurde und daher dieses als Zeichen seines Martyriums hält, finden wir in Spanien, Frankreich und Deutschland nur sehr vereinzelt.
- *Jakobus als Pilger* begegnet uns sitzend, stehend oder gehend in sehr vielen Darstellungen entlang des Weges. Wir erkennen ihn am breiten Hut, dem Wanderstab, an Pilgertasche, Pilgermantel, Trinkflasche (Kalebasse) und einer oder mehreren angebrachten Muscheln an Kopf, Hut, Tasche oder Pilgergewand.

Nicht immer sind alle Attribute vorhanden. Oft vermischen sich die Kennzeichen des Apostels und des Pilgers. So hält er einmal die Bibel zusätzlich in der Hand oder er liest daraus. Er wird aber auch selbst zum Pilger (vgl. Emmausszene im Kreuzgang von Santo Domingo de Silos) oder er pilgert auf einem Esel. So verschmelzen Jakobus und viele Kennzeichen des Pilgers, die vorher schon existierten, miteinander und werden zu zentralen Erkennungszeichen der künstlerischen Darstellung des Jakobus als Pilger.

- *Jakobus, der Maurentöter* (Santiago Matamoros und caballero), d.h. als Ritter und Streiter für den Glauben, ist eine typisch spanische Darstellung. Die Wandlung vom galiläischen Fischer über den Apostel und Pilger zum kämpferischen Streiter für die spanischen Christen beruht auf seinem legendären Eingreifen bei Clavijo (844). Zu dieser Schlacht – so die Legende – sei es gekommen, weil die Christen sich weigerten, weiterhin den jährlichen Tribut von hundert Jungfrauen für den Harem der moslemischen Herrscher zu entrichten. Sie kämpften gegen die Übermacht des moslemischen Heeres. In kritischer Situation erschien der Apostel auf weißem Pferd, das Schwert in der Rechten, kämpfte für die Christen und schlug die Moslems in die Flucht. Der Schlachtruf »Santiago« wurde in weiteren kriegerischen Auseinandersetzungen mit den Moslems zum Ausdruck des Glaubens, dass Jakobus als Schutzpatron ganz Spanien vor der Islamisierung bewahren werde. Dieser Glaube an die Hilfe des Apostels beeinflusste entscheidend den erfolgreichen Verlauf der Reconquista (Rückeroberung Spaniens). Die Figur des Matamoros/Caballero hatte auch teilweise Auswirkungen auf den süddeutschen Raum. Er wurde zum Standespatron des Adels, aber auch zum Helfer im Kampf gegen die Türken.

Jakobus, Sohn des Zebedäus, ehemals Fischer am See Gennesaret und Jünger des Jesus von Nazareth, wird so entlang des Jakobusweges zum ständigen Begleiter des Pilgers in ständig sich wandelnden Darstellungen. Oft werden diese mit aktuellen lokalen Bezügen verknüpft und erfahren eine deutende Veränderung: Z.B. Jakobus leistet Fürbitte für die Pilger oder er ist Stütze des betenden Königs. Von deutschen Pilgern wurde Jakobus als Fürbitter und Begleiter für einen guten Tod, als Patron der Waisenkinder oder in Osteuropa als Schutzpatron der Reisenden verehrt.

BRÜCKEN BAUEN

INNEHALTEN

»Manche Menschen bauen zu viele Mauern und zu wenig Brücken.«

Isaak Newton

Wer unterwegs ist, trifft auf Hindernisse, stößt an Grenzen, bedarf der Hilfe durch einen Übergang, durch eine Brücke. Meist aus der Notwendigkeit heraus gebaut, sind Brücken gleichzeitig ein Symbol unseres Lebens, das in seiner Vieldeutigkeit in zahlreichen Redewendungen sichtbar wird, z.B. in Brücken schlagen, Eselsbrücke, Zeit überbrücken, alle Brücken hinter sich abbrechen, Brücken des Vertrauens bauen. Brücken verbinden entfernte Ufer, führen über reißende Flüsse, tragen über tiefe Gräben hinweg, verkürzen den Weg, bringen Getrenntes zusammen, ermöglichen es Menschen, aufeinander zuzugehen und miteinander unterwegs zu sein. Mit bescheidenen Mitteln, aber stabil gebaut, sind sie tragende und zeitlose Kulturwerke. Gleichgültig, ob es sich um eine alte, möglicherweise noch von den Römern erbaute oder eine modern konstruierte Brücke handelt: In den kühnen Bögen, mit denen sich die Brücke über einen breiten Fluss schwingt, erkennen wir ein Abbild unseres Lebens: Unterwegs von Ufer zu Ufer erleben wir ihre Tragfähigkeit und wünschen uns diese in unseren Beziehungen von Mensch zu Mensch, von Mensch zu Gott. Doch gleichzeitig werden wir erinnert: Zerstörte Brücken bedeuten: Umwege werden unerlässlich, wenige oder keine Begegnungen sind möglich, Misstrauen wächst, Beziehungen trocknen aus, menschliche Isolierung nimmt zu. Das zu Überbrückende wird zum Wall, zur Grenze am Fluss und in mir.

Ich lade Sie ein, über Ihre »Brückenerfahrungen« nachzudenken. Wählen Sie eine Brücke, über die Sie heute gegangen sind oder erinnern Sie sich an Ihre Lieblingsbrücke. Vielleicht sitzen Sie aber gerade vor oder auf einer Brücke oder Sie lassen sich von der Brücke »Puente la Reina« anregen (vgl. Bild S. 96). Notieren Sie Ihre wichtigsten Gedanken, Empfindungen und Deutungen dazu:

Erleben: Ich gehe langsam und bewusst, real oder in Gedanken über meine Brücke und spüre nach: mein Gehen – Überwinden eines Grabens, eines Flusses – Tragfähigkeit – Vertrauen – Angst – Begegnungen ... Welche Gefühle verbinde ich damit?

Welche Bedeutung hat das Bild der Brücke für mich?

Wer oder was wurde in meinem Leben zu einer »Brücke« für mich? Wodurch? Welche Empfindungen verbinde ich damit?

Brücken der menschlichen Beziehungen wurden zerstört – musste ich das schon erleben? Was habe ich dazu beigetragen? Welche Empfindungen verbinde ich heute damit? Kann ich dazu beitragen, diese Brücken wieder begehbar zu machen?

»Über sieben Brücken musst du gehen« – so beginnt ein Lied von Peter Maffey. Wir gehen auch über viele Brücken, selten bewusst. Wir haben auch schon »Brücken« für eine Zeit stillgelegt, hochgezogen oder gar abgebrochen, doch es bleibt die tägliche und schwierige Lebensaufgabe, Brücken von Mensch zu Mensch zu bauen.

»Du hast einen schönen Beruf«, sagte das Kind zum alten Brückenbauer, »es muss sehr schwer sein, Brücken zu bauen.«
»Wenn man es gelernt hat, ist es leicht«, sagte der alte Brückenbauer, »es ist leicht, Brücken aus Beton und Stahl zu bauen. Die anderen Brücken sind sehr viel schwieriger«, sagte er, »die baue ich in meinen Träumen.«
»Welche anderen Brücken?«, fragte das Kind.
Der alte Brückenbauer sah das Kind nachdenklich an.
Er wusste nicht, ob es verstehen würde.
Dann sagte er: »Ich möchte eine Brücke bauen von der Gegenwart in die Zukunft. Ich möchte eine Brücke bauen von einem zum anderen Menschen, von der Dunkelheit in das Licht, von der Traurigkeit zur Freude. Ich möchte eine Brücke bauen von der Zeit in die Ewigkeit über alles Vergängliche hinweg.«
Das Kind hatte aufmerksam zugehört. Es hatte nicht alles verstanden, spürte aber, dass der alte Brückenbauer traurig war. Weil es ihn wieder froh machen wollte, sagte das Kind: »Ich schenke dir meine Brücke«. Und das Kind malte für den Brückenbauer einen Regenbogen.

Anne Steinwart

INFORMATIONEN

Brücken auf Jakobuswegen

»Grenz-Fluss« – das bedeutet nicht nur, dass hier z.B. die geografische Grenze zwischen zwei Orten oder Ländern verläuft. Ein Fluss wurde im antiken Rom auch als heilige Grenze betrachtet. Eine Brücke bedeutete dann einen Eingriff in diesen heiligen Bezirk. Nur durch ein Versöhnungsfest oder regelmäßige Rituale zu Ehren der Flussgottheiten konnte dieser Eingriff »beschützt« werden.

Die Pilger des Mittelalters trafen in Deutschland, Frankreich und Spanien auf natürliche Grenzen: ein Tal, eine Schlucht, ein Sumpfgebiet, einen Fluss. Große Umwege waren erforderlich. Erst die wachsende Zahl der Pilger und das wachsende religiöse, politische und wirtschaftliche Interesse am Pilgerweg führten dazu, dass mit der Zeit Sümpfe trockengelegt, Wege befestigt und gekennzeichnet und Brücken gebaut wurden.

In unserem Land begegnen wir auf vielen Brücken dem heiligen Nepomuk. Er wurde für seinen Glauben von einer Brücke gestürzt und soll als »Brückenheiliger« für den Schutz einer Brücke und der Menschen, die sie benutzen, sorgen.

Auf Jakobuswegen gehen Pilger über viele Brücken – hier eine Main- oder Rheinbrücke, in der Schweiz eine Brücke über einen Gebirgsfluss, in Frankreich eine alte römische Brücke. Auch in Spanien führt der Camino de Santiago über viele Brücken. Die bekannteste ist die Puente la Reina, d.h.die »Brücke der Königin« (vgl. Bild S. 96). Die sechsbogige Brücke wurde im 11. Jahrhundert gebaut. Sie gibt dem Ort, an dem sich die zwei Pilgerwege über den Ibaneta- und den Somport-Pass vereinen, den Namen. Gestiftet wurde sie von der Gemahlin oder der Schwiegertochter Sanchos III. Weitere bekannte Brücken am Camino in Spanien sind die »Brücke von Itero«, die »Puente del Paso Horroso«, (Brücke des ehrenhaften Waffengangs) oder die Brücke über den Pisuerga-Fluss.

Brücken sind »not-wendig«, sie müssen gebaut werden und tragfähig sein. Man muss sich ihnen anvertrauen können. Das gilt für jede reale Brücke, das gilt aber auch für unser Leben. Immer wieder sind wir herausgefordert, Gräben der Angst zu überqueren, Grenzen zu überwinden und von Mensch zu Mensch Brücken zu bauen.

Brücken

rufen uns zu
Gräben zu überschreiten
Vorurteile zu überwinden
aufeinander zuzugehen
Verschiedenheit zu akzeptieren
zu verbinden, was trennt

Brücken

laden uns ein
zu neuen Ufern aufzubrechen
der Hoffnung
der Versöhnung
des Vertrauens
des Miteinanders

Peter Müller

FUßFASSEN

INNEHALTEN

»Mit beiden Füßen im Leben stehen.«

Das bekannte Bildwort »mit beiden Füßen im Leben stehen« fordert uns auf, uns den Realitäten des Alltags zu stellen und sie zu meistern. Das gilt in besonderer Weise, wenn ich als Pilger zu Fuß unterwegs bin. Ohne Füße kann ich weder stehen noch mich aufrichten, das Gleichgewicht halten oder gehen. Wie geht es heute meinen Füßen? Habe ich darüber schon nachgedacht? Nehme ich sie nur wahr, wenn sie ermüden, wenn die Schuhe drücken oder ich die erste Blase spüre? Habe ich ihnen schon gedankt für ihre Leistung?

Ich bin häufig »kopforientiert«. Gemessen werde ich von »Kopf bis Fuß«. Meine Füße sind am weitesten vom Kopf entfernt. Doch »der Kopf kann nicht zu den Füßen sagen: Ich brauche euch nicht« (Kor 12,21). Im Gegenteil: Damit ein Mensch zu sich kommt, muss er manchmal »auf die Füße« gestellt werden. Ideen, die verwirklicht werden wollen, müssen »Hand und Fuß« haben, d.h. handhabbar und bodenständig sein.

Säuglinge kriechen auf allen Vieren, der erwachsene Mensch steht auf zwei Füßen und Beinen. Der aufrechte Gang ist ein Kennzeichen des Menschen. Täglich richte ich mich neu auf, stelle mich auf meine Füße. Die Füße sind das Fundament meines Körpers. Meine Füße verbinden mich mit dem Boden, auf dem ich mich bewege. Ich, der Adam (= der Mensch) gehe beim Pilgern über Adama (= die Erde), Schritt für Schritt auf unterschiedlichem, natürlichem oder von Menschen geschaffenem Untergrund. Dabei ist es gut, mit »sicherem Fuß« meinen Weg zu finden; auf rutschigem Boden, bei Auf- und Abstiegen, aber auch in problembeladenen Lebenssituationen »Fuß zu fassen«; einen Stand zu finden, ein Vertrauen, von dem aus ich mit dem Psalm beten kann »mein Fuß steht auf festem Grund« (Ps 26, 12).

Meine Füße stehen in direktem Kontakt mit der Schwerkraft und der Energie der Erde. Sie sorgen für meine Erdverbundenheit, und ich kann die unterschiedliche Beschaffenheit des Bodens, auf dem ich z.B. barfuß stehe oder gehe, wahrnehmen (Waldboden, Sand, Wiese, Moos, Wasser, glatte Fläche, raue, spitze oder runde Steine). Die alte Heilkunst der Reflexzonenmassage macht mich aufmerksam auf die Sensibilität meiner Füße. Die Fußsohle ist eines der nervenreichsten Organe (Reflexzonen) und mit den inneren Organen verbunden. Indem ich die Reflexzonen massiere, kann ich Schmerzen und Spannungen abbauen. Barfuß gehen hat ähnliche Effekte – die Mutter Erde bietet eine vielfältige Ganzheitsmassage an.

Auch der Volksmund greift in unterschiedlichen Redewendungen und Sprichworten die »ganzheitliche Bedeutung« der viel zu wenig beachteten Füße auf. In ihnen stecken tiefe Lebensweisheiten, z.B.

- **ein Schuh passt nicht für jeden Fuß**
- **auf eigenen Füßen stehen**
- **mutig entgegentreten**
- **ständig auf den Füßen sein**
- **mit Füßen treten**
- **beten mit den Füßen**
- **jemandem auf die Füße helfen**
- **ein williges Herz macht leichte Füße**
- **sich vergeblich die Füße ablaufen**
- **kalte Füße bekommen**
- **gutes Stehvermögen haben**

Es lohnt sich, ihrer Bedeutung nachzuspüren, Gedanken und eigene Erfahrungen mit einzelnen Aussagen zu verbinden. Wo möchte ich neu fußfassen? Sicheren Schrittes auf ein Ziel zugehen?

Meine Füße – während des Pilgerns in festen Schuhen – brauchen unterwegs und/oder abends Zuwendung, Anerkennung und Dank. Schon der Prophet Jeremias warnt: »Gib acht, dass du dir den Fuß nicht wund läufst« (Jer 2,25). Ich bin eingeladen, meinen Füßen, die mich auf dem Pilgerweg zu meinem Ziel tragen, mehr Aufmerksamkeit zu schenken. Dazu zwei Anregungen:

Spüren und bewegen

Ich ziehe Schuhe und Strümpfe aus. Lüfte und reinige meine Füße, spüre den Untergrund auf dem ich stehe, beginne mit dem rechtem Fuß leichte Bewegungen: anspannen, kreisen, dehnen in verschiedene Richtungen, Zehen strecken, kreisen und anziehen, aufmerksam meinen linken Standfuß beachten. Wechsel auf den anderen Fuß und gleiche Bewegungen.

Ich gehe langsam barfuß auf dem Untergrund und nehme ihn wahr: warm, kalt, weich, hart, rund, feucht, trocken. Zum Abschluss bleibe ich stehen und nehme meinen Körper von Fuß bis Kopf im Stehen wahr.

Wer vor sich
selbst ausreißt,
kann nicht fußfassen,
nicht zu sich
und anderen
stehen.

Berühren und massieren

Nachdem ich meine Füße gereinigt und die Durchblutung durch einige Bewegungen gefördert habe, setze ich mich und nehme einen Fuß in die Hände. Ich streiche ihn von vorne und außen in Richtung Körper. Dann beginne ich, den Fuß zuerst oben in leicht kreisenden Bewegungen zu massieren, gehe über auf die Fußsohle und nehme mir Zeit dafür. Ich beachte, ob es Druck- oder Schmerzstellen gibt, ob ich sanfter oder intensiver sein darf, schüttle und lockere damit den Fuß und nehme ihn dann in beide Hände, klatsche ihn von außen nach innen, oben und unten ab, aktiviere damit die Durchblutung und streiche abschließend den Fuß von außen nach innen behutsam ab. Mit dem anderen Fuß verfahre ich in gleicher Weise.

Abschließend massiere ich beide Füße nochmals mit einem Massageöl oder einer geeigneten Hautcreme/Fußbalsam, strecke die Füße aus und genieße deren Durchblutung. Ich bin dankbar für meine Füße und für alles, was sie leisten.

Hinweis: Wenn ein Fuß schon wunde Druckstellen oder gar eine Blase hat, dann muss entsprechend vorsichtig massiert, die Blase behandelt und mit Blasenpflaster geschützt werden.

Füße

Sie gehen
sie tragen
sie ermüden
sie stolpern

es sind die Schuhe
die glänzen
die schützen
die drücken

die Füße jedoch
leben im Dunkel
sind ganz unten
eingeengt

sie gehen
sie tragen
sie ermüden
sie stolpern

bis einer kommt
von oben nach unten
sich bückt
und sie wäscht

wie damals
in Demut
in Liebe
der Diener aller

Peter Müller

Von Füßen und Schuhen

Das im 15./16. Jahrhundert weit verbreitete Lied der deutschen Jakobuspilger »Wer daz elend bauen will« (= Wer in die Fremde ziehen will) zählt schon in den ersten drei Strophen die wichtigsten Ausrüstungsstücke des mittelalterlichen Pilgers auf: Dazu gehören auch »... zwei Paar Schuch, der darf er wol« (vgl. Text bei »Im Zeichen der Muschel«, S. 123).

Unsere Füße tragen beim Pilgern die Hauptlast. Daher sind geeignete Schuhe unverzichtbar. Am besten fest und leicht. Ein Paar eingelaufene Wanderschuhe (gutes Schuhprofil) und für die wanderfreie Zeit am besten stabile, profilstarke Sandalen. Diese können bei Beschwerden durch Blasen bei flacher Strecke zur Erleichterung auch einmal zum Wandern benutzt werden. Dazu zwei Paar gute, den Fersen angepasste und nicht rutschende Wandersocken. Schuhe und Socken sollten eingelaufen sein. Ein Vorbereitungstraining für längere Wanderungen – z.B. bei Pilgertagen – bietet dazu eine gute Gelegenheit. Auch die wichtigsten Utensilien zur Fußpflege kann ich hier schon testen: Fußbalsam, Hautcreme, Blasenpflaster, eventuell elastische Binde, um den Fuß zu stützen, eine Nadel, um eventuelle Blasen am Rand aufzustechen, dann die Flüssigkeit abzulassen und die Haut darüber zu belassen.

Wer unterwegs ist, erlebt viel: »Fast wären meine Füße gestrauchelt« (Ps 73,2) oder »Er lässt deinen Fuß nicht wanken« (Ps 121,3). In der Bibel gehört das Bereitstellen des Wassers zum Waschen der Füße zu den hervorragenden Diensten der Gastfreundschaft. Abraham lässt den drei Männern, die ihn besuchen, Wasser zum Waschen der Füße bringen (vgl. Gen 18,4). Wir Pilger sind eingeladen, einmal am Tag unseren Füßen diesen Reinigungsdienst zu erweisen und ihnen dafür zu danken, dass sie uns wieder eine Wegstrecke unserem Ziel näher gebracht haben.

DEM STERN VERTRAUEN

INNEHALTEN

Verliere den Stern
nicht aus den Augen -
er führt dich zum Leben.

Bettina Flick, La Paz

Auf Pilgerwegen begegnen wir vielen Symbolen. Eines davon ist der Stern, und in enger Verbindung damit Darstellungen von den »heiligen drei Königen«. Diese wurden auch Sternsucher bzw. Sterndeuter genannt.

Lassen wir uns einmal auf ein kleines Wortspiel ein: Wenn wir nach dem STERN in anderen Worten unserer Sprache suchen, dann finden wir es z.B. im Wort FinSTERNis oder in O-STERN. Der Stern ist Symbol des Weges, ein Zeichen, das auf neues Leben (in Bethlehem) hinweist. Finsternis, das ist ein Symbol für Sterben und Tod. Beide gehören zum Leben – Geburt und Tod, Licht und Dunkel, Anfang und Ende. In den biblischen Erzählungen steht zu Beginn der Stern von Bethlehem, dann der Tod Jesu am Kreuz als »eine Finsternis herrschte im ganzen Land« (Mt 27,45) und später der auferweckte Christus als »glänzender Morgenstern« (Offb 22,16). Ein weiteres Wortspiel verhilft uns zu einer Deutung dieses biblischen Weges vom Kind zum Christus: Wenn ich den STERN aus dem Wort Finsternis herausstreiche, bleibt FINIS übrig – das lateinische Wort für Ende: Ohne den »Stern« Jesus ist alles zu Ende. Nichts geht mehr. Finsternis total. Die biblische Erzählung von den drei Königen stellt uns jedoch Menschen vor, die voller Sehnsucht dem himmlischen Zeichen des Sterns vertrauten als Orientierung auf dem Weg durch die Finsternis ihres Lebens. Sie sind unterwegs so wie ich heute während eines Pilgertages oder schon seit einigen Tagen auf dem Jakobusweg.

Ich lade dazu ein, dass Sie sich zunächst an die biblische Erzählung (siehe Mt 2,1–12) erinnern. Was weiß ich noch? Hier einige Impulse dazu:

Wer Jesus finden will, muss einen Weg gehen. Ein wegweisender Stern kann dabei hilfreich sein.

Sterne sehe ich nur im Dunkeln. Aber nicht immer, wenn es um mich herum oder in mir dunkel ist, sehe ich schon ein Licht. Mitten in ihrer dunklen Welt keimt in diesen drei Weisen eine Sehnsucht nach Licht auf, sie erkennen einen Stern und lassen sich von ihm ansprechen. Alles andere wird nebensächlich, der Stern wandert, sie brechen auf und folgen ihm. Er wird zu ihrem Orientierungsstern, zu ihrer Lichtquelle. Eine lange Reise steht ihnen bevor: Suchen und orientieren, fragen und zweifeln, erfolgreich und niedergeschlagen, einsam und gemeinsam, doch »der Stern zog vor ihnen her« und zeigte den Weg. Woran orientiere ich mich?

Wer bin ich auf dem Weg?

Ich trage einen Namen, die drei aus unserer Erzählung nicht. Erst die fromme Legende hat ihnen später Namen gegeben. Wir nennen sie Sterndeuter, aber auch »Magier«. Als solche sind sie »Träger eines Bundes mit Gott« (Jörg Zink), die sein himmlisches Zeichen deuten und aufbrechen zum noch unbekannten Zielort. Und als die »Weisen aus dem Morgenland« vertrauen sie sich der Führung Gottes und seines Sterns an. Sie machen dabei die überraschende Entdeckung: Was der Stern sagt, erweist sich auf Erden als wahr, wenn auch anders, als sie es sich vorgestellt hatten. Wie immer wir die Sterndeuter nennen, die biblische Erzählung spricht von Menschen, die suchen: nach Orientierung, nach mehr Menschlichkeit und Gottesnähe. Wer bin ich auf dem Weg?

Von menschlichen Vor-stellungen und Ver-stellungen

Die Sehnsucht der Sterndeuter wird nicht gleich erfüllt. Sie haben ihre Vorstellungen vom neugeborenen Licht. Ein König im prächtigen Palast muss es sein. Habe ich nicht oft auch meine Vorstellungen, wie Gott sein soll oder ist?

Die Weisen treffen im Zentrum der Macht auf eine Welt, die auch uns hinreichend bekannt ist. Sie wird repräsentiert von Herodes und Jerusalem: Hier herrschen Menschen über Menschen, Kalkül, Hinterlist, Eitelkeit, Angst, Drohung, Unsicherheit und Gewalt. Selbst die heiligen Bücher werden benutzt, um sich zu informieren, sich zu verstellen und heuchlerisch den »neugeborenen Kö-

nig« zu finden bzw. ihn dem eigenen Hass auszuliefern. Trage ich nicht in mir auch Teile dieser »realen Herodesgestalt«, um Ängste, Sorgen, Brüche und Risse in meinem Leben zu verbergen?

Die symbolische Sprache der »Geschenke«

Kaum haben sie die Dunkelheit des Palastes hinter sich, entdecken die Weisen wieder den Stern. Er geleitet sie zu einem unscheinbaren Ort und beleuchtet eine dunkle Szene, in der sie im neugeborenen Kind neues Leben erkennen. Sie sind am Ziel. Hier wird ihre Dunkelheit erleuchtet. Gott das Licht, hat sich mit dem Menschen und seiner Sehnsucht nach wahrhaftem Leben für immer verbunden.

Ihre Geschenke – ausgesucht nach den ursprünglichen und jetzt zerbrochenen Vorstellungen von einem neugeborenen König – erscheinen nun etwas deplatziert: Gold, Weihrauch und Myrrhe. Was soll dieses Kind in der Krippe damit anfangen? Die biblische Sprache steckt voller Symbole. So leuchtet uns heute in den drei Geschenken die Botschaft Gottes in dreifacher Weise auf:

- Gold – der Mensch als Kind Gottes ist wertvoller als alles andere auf Erden. In jedem Menschen gilt es, dieses »Gold«, seine Würde und Einmaligkeit, seine Freiheit und Verantwortung zu entdecken.
- Weihrauch – das Zeichen der Sehnsucht, die sich ausbreitet und erhebt, indem sie nach Sinn fragt, sucht und wahrhaft neues Leben gestaltet.
- Myrrhe – Symbol der Linderung von Schmerz und Leid, der menschlichen Begrenztheit und Schwäche, der Angst und Schuld. Sie erinnert daran, die eigenen Schwächen zu tragen, die anderer zu lindern und Barmherzigkeit zu leben.

Drei Geschenke – eine einfache Botschaft: Gott zeigt sich in der Würde des Menschen, in der Kraft seiner Sehnsucht und in seiner Barmherzigkeit. Hier leuchtet symbolisch schon die Botschaft auf, die das Kind später als erwachsener Mensch lebte und verkündete. Was bringe ich als »Geschenk« in die Begegnung mit Menschen, mit Gott ein?

Ein Traum zeigt den weiteren Weg

Nach diesem langen Unterwegssein, den zerbrochenen Vorstellungen und der Begegnung mit dem Kind kehren die Weisen nun mit ganz anderen Schätzen zurück. Sie sind hellhörig geworden und achten auf ihre Träume. Ihnen ist ein Licht aufgegangen. Sie lassen sich nicht mehr hinters Licht führen. Sie lassen sich von einem Engel im Traum anrühren und gehen einen anderen Weg zurück in ihre Heimat. Wie achtsam höre ich auf meine innere Stimme?

INFORMATIONEN

Sterne – zwischen Himmel und Erde

Immer seltener wird für viele das Erlebnis eines »sternenklaren Nachthimmels«. Künstliches Licht und eine Dunstglocke vergifteter Luft- und Staubschichten lassen die Sterne verblassen. Hinzu kommt, dass die Vorstellungen von »den Sternen« sich oft verengen auf Horoskope, Wahrsagerei und »Sternchen« (= Stars) oder sich beschränken auf naturwissenschaftliche Erkenntnisse und Zusammenhänge über Sterne, Weltall u.a.m.

Die Religionsgeschichte erklärt uns, dass bei allen Völkern der Blick in die unendliche Weite des Sternenhimmels »religiöse Erfahrungen« erzeugte. Der Mensch erkannte, dass er eingebunden ist in den Rhythmus der Natur und des Kosmos. So suchte er am Firmament nach Ordnung und Orientierung, verknüpfte bestimmte Sterne zu »Bildern«, begann sie zu benennen (z.B. »Orion«), sein Leben zwischen Himmel und Erde damit zu deuten (z.B. Mythologie, Sagen, Zuordnung bestimmter Sterne zu Göttern), sich an Gesetzmäßigkeiten (z.B. Polarstern oder »Milchstraße«) zu orientieren und sein Dasein – eingebunden zwischen unteren und oberen Mächten – anzunehmen und sich einzurichten. Daneben beobachtete der Mensch aber auch die Wanderbewegung der Sterne. Im nächtlichen Weg der Sterne und dem täglichen der Sonne von Ost nach West erkannte er ein Abbild seines eigenen »Lebens«: geboren werden, leben, sterben; neu anfangen, gestalten, enden.

Wenn der Mensch auf Erden unterwegs war, die Wegrichtung suchte oder auf See nicht weiterwusste – am unendlichen Sternenhimmel, in Bilder geordnet, mit göttlichen Namen versehen und sie verehrend, fand er »Leitsterne« und Orientierung für sein begrenztes Dasein zwischen Himmel und Erde. So wird der Stern schon in sehr frühen Zeiten zu einem Symbol für das Unterwegssein des Menschen, auch entlang des Jakobusweges.

Der Jakobusweg als Sternenweg

Schon sehr früh entdeckten die Menschen beim Blick zum Himmel ein ganzes Sternenfeld, ein »campus stellae«. Durch dieses Sternenfeld zieht sich in klaren Nächten ein sichtbarer Sternenstreifen, ein »Sternenweg«, auch »Milchstraße« genannt. Nach Robert Plötz (Sternenweg [8]1991, S.10) wird die Bezeichnung »Sternenweg« im »Evangelienbuch« des Otfried von Weißenburg (ca. 800–863) erstmals erwähnt und später im IV. Buch des Codex Calixtinus (12. Jh.) mit dem Jakobusweg und einem Traum Karls des Großen verbunden. Dem Kaiser sei der Apostel Jakobus im Traum erschienen und habe ihn aufgefordert, »die Sternenstraße, die du am Himmel gesehen hast«, als Zeichen zu sehen, Spanien von den Moslems zu befreien und sein Grab in Santiago de Compostela zu besuchen. Wir wissen heute, dass diese politisch motivierte Legende nur einen wahren Aspekt hat: Karl der Große war in Spanien, aber er hat weder Spanien von den Moslems befreit noch war er in Santiago de Compostela. Er kam nur bis Sarragossa.

Es gibt heute aber auch die Vorstellung, der mittelalterliche Jakobusweg sei – nahe dem 42. Breitengrad – das Abbild der »Milchstraße« durch den Norden Spaniens. Er sei ein frühreligiöser Wanderweg der Menschen, der dem Lauf der Sterne folge von Ost nach West bis zum Ende der damaligen Welt (Cabo Finisterre), um die untergehende Sonne zu verehren. Das Christentum habe alte Kultstätten und den gesamten Weg zum Pilgerweg des Apostels umgedeutet.

Auch die Legende von der Auffindung des Jakobusgrabes verwendet das »Sternensymbol«. Der Einsiedler Pelagius entdeckt dieser Legende zufolge das Grab durch eine Lichtererscheinung, eine Anhäufung von Sternen, die den Ort auf wunderbare Weise kennzeichneten (vgl. Auffindungslegende, S. 154). Später erhielt dieser Ort den Namen »compostela« – campus stellae – »Sternenfeld«. Eine Deutung, die unter Wissenschaftlern umstritten ist.

Sterne als Symbol des Unterwegsseins finden wir heute entlang des Jakobusweges in Darstellungen von der präromanischen Epoche bis in unsere Zeit: an Portalen als Schmuck, als Sonne und Mond, in Gewölben, an Wegkreuzen, Pilgerherbergen, Kirchen, an Kapitellen, in Kreuzgängen, bei Darstellungen der drei Könige, auf alten und neuen Wegsteinen, -weisern und -schildern. Der Stern wird zu einem ständigen Wegbegleiter, der von Ost nach West den Weg weist.

Wie die Sterndeuter

neugierig sein
Ausschau halten
aufspüren
aufbrechen
gemeinsam
dem Stern folgen
suchen und fragen
sich nicht beirren lassen
offen für neue Antworten
nach dem Stern greifen
und den Menschen finden

achtsam hören
der Botschaft trauen
umkehren
auf anderem Weg
verwandelt
ermutigt
im Leben ankommen

Wie die Sterndeuter

Peter Müller

BRUNNEN-GEHEIMNISSE

INNEHALTEN

Sei wie eine Brunnenschale
die zuerst das Wasser in sich sammelt
und dann überfließend es weiterschenkt.

Bernhard von Clairvaux

Wir sind unterwegs, die Sonne brennt, wenig Wind, wir schwitzen, sind durstig ... und dann kommen wir vorbei an einem klaren Bergbach, einer Quelle oder einem Brunnen. Dankbar genießen wir das kühle und erfrischende Wasser.

Brunnen – wir begegnen ihnen auf den Dorf- oder Marktplätzen, in Höfen, auf Weiden und Rastplätzen, aber auch in vielen Städten, z.B. als geschichtliches Denkmal, Überlaufbrunnen, Ziehbrunnen, Röhrenbrunnen, Springbrunnen oder Heiligen-Brunnen. Das reine Trinkwasser der Brunnen war früher eine notwendige Existenzbedingung für die Bewohner eines Dorfes, neben der sozialen Funktion als Treffpunkt und Umschlagplatz von Informationen, Erlebnissen und Erfahrungen. Wasser haben, Wasserrechte besitzen – das bedeutete Leben, aber häufig auch Wohlstand und Macht. Heute steht an vielen Brunnen ein Warnschild: kein Trinkwasser! Wir können uns also nur die Hände und Füße erfrischen. Die Warnung erinnert uns an die »Fortschritte« unserer Gesellschaft, die mit Chemikalien auch die landwirtschaftliche Nutzung »steigert«, aber nach und nach reines Brunnenwasser verseucht und die Gesundheit beeinträchtigt.

Brunnen –
das erinnert mich an tief gemauerte Schächte, in denen sich unten das Leben spendende Wasser spiegelt, das unaufhörlich von einer Quelle gespeist wird. Unterschiedliche Tiefe bedeutet auch unterschiedliche Wassermenge.

Brunnen –
sie sind tiefgründig und zapfen das Innere der Erde an. Leben erhaltendes Wasser, das für Menschen, Tiere und Pflanzen nach oben gefördert wird.

Brunnen –
spenden ihr kostbares Nass nicht immer in gleicher Fülle. Ihre Quelle will gefasst, gereinigt und gepflegt werden. Sackt der Wasserspiegel ab, muss nachgebohrt oder eine neue Quelle erschlossen werden.

Brunnen –
das sind gefährdete Orte. Früher musste man sie durch Abdeckung schützen vor Vergiftung durch die Feinde, heute tragen wir selbst zur schleichenden chemischen Vergiftung bei.

Ich sehe einen Brunnen und schaue wie in einen Spiegel. Auf was will er hinweisen? Welche Fragen ruft er uns, Ihnen und mir zu?

- Wie tief und mühsam musst du in deinem Schacht graben, um auf deine Quelle zu stoßen? Welches Geröll, welcher Schutt muss weggeräumt werden?
- Wieviel Pflege und Wartung wendest du für deine Seele – den geheimnisvollen Brunnen Gottes – auf? Von welchen geistigen Giften muss sie gereinigt bzw. vor welchen geschützt werden?
- Schau in den Wasserspiegel des Brunnens und damit in dein Inneres: Was bist du bereit zu sehen? Was verdeckst du? Wie willst du sein?

Zufriedenheit

»Du siehst so unzufrieden aus«, bemerkte ein Eimer zu seinem Kameraden, als sie zum Brunnen kamen.

»Ach«, meinte der andere, »ich dachte gerade daran, wie nutzlos es ist, immer neu gefüllt zu werden, wenn wir doch immer wieder leer zurückkommen.«

»Na sowas«, sagte der Erste, »so habe ich das noch gar nicht gesehen. Ich freue mich immer über den Gedanken, dass wir, obgleich wir leer kommen, doch immer gefüllt wieder gehen.«

H.L. Gee

- Lass einen Stein ins Wasser fallen. Die Oberfläche bewegt sich, das Innere wird aufgewühlt. Manchmal ist es gut, zu vergeben, zu vergessen und etwas in die Tiefe zu versenken, oft aber wühlt es in uns weiter, es bleibt in Bewegung, verstopft die Quelle. Was hindert dich daran, dass deine Quelle ganz zur Wirkung kommt? Was müsste aus der Tiefe gehoben und befreit werden?
- Es gibt Zeiten, da fühlen wir uns ausgebrannt und leer. Zu welchem Brunnen gehe ich dann? Wo ist deine Quelle »lebendigen Wassers«? (Joh 4,10).

Gott
ich sehe
in der Tiefe meines Brunnens
Zweifel und Fragen
Schwächen und Stärken
Geröll und Hoffnung

Gott
sei du mir
Antwort auf meine Fragen
Quelle meiner Fähigkeiten
Ermutigung meines Neubeginns
lebendiges Wasser meines Lebens.

Peter Müller

INFORMATIONEN

Jakobsbrunnen

Für die umherziehenden Nomaden aus biblischer Zeit waren reale Brunnen lebensnotwendig. Ihre Lage in der Wüste war bekannt. Daher spielen Brunnen in der Geschichte Israels eine bedeutende Rolle: real und symbolisch, denn es wird an diesen Sammelpunkten der Hirten und Herden, der Einheimischen und Fremden auch von den Menschen und von ihren Beziehungen zueinander und zu ihrem Gott erzählt. Schon Abraham zieht von Brunnen zu Brunnen. Der bekannteste Brunnen ist jedoch der Jakobsbrunnen (Gen 28-35), den Jakob für seine geliebte Rahel und ihre Herde öffnet. Denn zum Schutz waren die Brunnen mit einem schweren Stein verschlossen. Jakob wird später im nächtlichen Kampf mit Gott zum Stammvater Israels.

Im Johannesevangelium (4,1-24) setzt sich Jesus bei Sychar an einen Brunnen und bittet eine samaritanische Frau: »Gib mit zu trinken!« Es ist nicht sicher, aber wahrscheinlich, dass es sich hier um den gleichen Brunnen handelt, denn es heißt »dort befand sich der Jakobsbrunnen«.

Der biblische Jakobsbrunnen hat mit den Brunnen entlang der Jakobuswege nichts zu tun, auch wenn einige so genannt werden. Die Namensgebung ist identisch, doch Jakobusbrunnen am Pilgerweg zeigen in der Regel den Apostel Jakobus als Pilger, vgl. z.B. Oberdischingen, St. Roman im Schwarzwald u.a. Ein solcher Brunnen lädt Pilger ein, auf ihrer Reise zur Ruhe zu kommen, ihr körperliches Wohlergehen nicht zu vernachlässigen und erinnert sie an die Quelle »lebendigen Wassers«, die Botschaft und Person des Jesus von Nazareth. Auch bei alten Taufbrunnen begegnen wir dem Symbol »lebendiges Wasser« wieder.

JAKOBUSBRUNNEN
1996

IM ZEICHEN DER MUSCHEL

INNEHALTEN

**»Mit der Landschaft alleine sein,
und auch sie ständig hinter sich lassen.
Versuche, den äußeren Weg auch innerlich zu gehen«.**

Hans Aebli

Auf Jakobuswegen treffen wir immer wieder auf die Kammmuschel (pecten maximus), die etwa ab dem 12. Jahrhundert zum typischen Wahrzeichen der Santiago-Pilger wurde. Man nannte sie daher auch einfach »Jakobusmuschel« (pecten Jacobi). Sie wurde zum »Beweismittel« für den Besuch des Jakobusgrabes. Doch als sprechendes Symbol geht ihre Bedeutung weit darüber hinaus. In zwei Impulsen, die Sie zu unterschiedlichen Anlässen aufgreifen können, wird diese Symbolik deutlich.

Der erste Impuls erzählt eine Geschichte, im zweiten Impuls laden meditative Gedanken zur »Symbolsprache der Muschel« ein, über sich nachzudenken.

Die Muschel und der Fisch

Auf dem Meeresgrund lebte einmal eine Muschel. Ihre Schalen waren dunkel. Die Muschel war zufrieden, dazuliegen und zu staunen. Es gab viel zu bestaunen: dunkelgrüne Wasserpflanzen, eine große Zahl von Steinen, große, kleine, runde und kantige und verschiedenartige Fische.

Am besten gefiel es der Muschel, wenn Vollmond war. Dann stand der Mond über dem Wasser und sein Licht leuchtete hinab auf den Grund bis zu ihr. Sie lag dann ganz still da, schaute und nahm das Licht in sich hinein, in ihr Inneres.

Eines Tages kam ein Fisch geschwommen. »Sieh mal an, eine Muschel«, sagte der Fisch. »Bald hätte ich dich übersehen, du kleines Ding.« Der

Fisch sprach so, er war nämlich ein eingebildeter, ein stolzer Fisch. Dann holte er tief Luft und schwamm vor der Muschel hin und her. So konnte man ihn von allen Seiten sehen und sein schillerndes Schuppenkleid bewundern.

Wie schön der Fisch ist, dachte die Muschel. Wie kann er sich drehen und wenden. Er ist sehr beweglich, gewandt. Es fiel der Muschel aber nicht ein, den Fisch zu beneiden. Sie lag einfach da. Es gefiel ihr, zu lauschen, zu schauen und das milde Licht des Mondes zu genießen. Sie war mit sich zufrieden.

Der Fisch aber tanzte vor der Muschel im Kreise. Er schimmerte und schillerte. Er wollte bewundert werden. Dabei merkte er nicht die Gefahr. Es kam nämlich ein riesiger Fisch angeschwommen, hungrig nach Beute. »Pass auf«, rief die kleine Muschel, »pass auf!« Erschrocken fuhr der Fisch herum. Mit einem festen Schlag seiner Schwanzflosse rettete er sich in eine Felsspalte. Hier saß er nun mit klopfendem Herzen. Doch bald hatte er alle Gefahr vergessen. So fing er erneut an sich zu zeigen. Ja, er sprang in seinem Übermut sogar aus dem Wasser heraus, hoch in die Luft. Er wollte sich im Wasserspiegel sehen. Er wollte wissen, wie schön er sei. Da die Muschel ihn nicht bewunderte, lobte er sich selbst und schwamm selbstgefällig davon.

Eines Nachts, als der Himmel voller Sterne hing und der Mond voll leuchtete, kam der Fisch wieder zur Muschel angeschwommen. Unsere Muschel lag ganz ruhig und tat, was sie so gerne tat, lauschen und schauen. »Was machst du da?«, fragte sie der Fisch. »Ich bin still«, antwortete die Muschel. »Wenn man still ist, beginnen die Dinge zu reden. Alles hat seine Sprache. Hörst du das Wasser, die Pflanzen, die Steine? Wenn man in Ruhe ist, fängt alles zu leuchten an. Siehst du den Himmel, die Sterne, den Mond?«

Der Fisch verstand davon nichts. »Dinge können nicht reden«, meinte er. »Was du siehst, ist nichts Besonderes. Still und ruhig sein ist langweilig. Du bist ein langweiliges Muscheltier«. Verächtlich drehte er sich um und schwamm davon.

In dieser Nacht fuhr ein Fischer mit seinem Boot über den See. Er warf seine Netze aus. Als die Sonne aufging, waren die Netze voll und schwer. Der Fischer zog sie ins Boot. Vieles kam da ans Licht: Wasserpflanzen, Muscheln, Fische, darunter auch unsere Muschel und unser Fisch.

Der Fischer begann, sein Netz zu leeren. Fisch kam zu Fisch. Bald war das halbe Boot voller Fische. Einer lag neben dem anderen. Einer gleich dem anderen. Heute noch würden sie auf dem Markt verkauft werden. Dann holte der Fischer aus dem Netz, was sich sonst noch darin befand. Als er die dunkelbraune Muschel ergriff, spürte er, sie ist etwas Besonderes. Behutsam öffnete er sie.

Da staunte er. Noch nie hatte er so etwas Wunderbares gesehen. Die Innenseiten der Schalen glänzten wie Silber, und es fand sich in der Muschel eine Perle, kostbar und schön.

Alles, was die Muschel tief unten auf dem Grund des Meeres in Stille und Ruhe gelauscht, geschaut, was sie in ihr Inneres aufgenommen hatte, war zu einem Schatz geworden, zu einer edlen Perle.

Neu bearbeitet von P. Müller nach einer Vorlage von Klaus Gräske.

Die Sprache der Muschel

Die Muschel ist ein sprechendes Symbol und für Jakobuspilger ein verlässliches Wegzeichen. Sie zeigt den äußeren Weg und lädt ein, über unser inneres Unterwegssein nachzusinnen.

Muscheln liegen am Strand »wie Sand am Meer« und doch ist jede anders. Das gilt für alle Muscheln. Auch jede Jakobsmuschel ist bei genauem Hinsehen anders, sie ist eigenartig und einzigartig.

Kein Mensch ist wie der andere. Ich bin keine Kopie, und doch ist es nicht einfach, Original zu sein. Gott verliert keinen Menschen aus dem Blick. Aber was tue ich, um meine Einzigartigkeit zu entdecken, nicht Kopie zu sein, sondern als »Original« zu leben?

Muscheln waren den Wellen, der Meerestiefe, den Reibungen von Ebbe und Flut ausgesetzt. Sie wurden zugedeckt, weggeschwemmt, gedrückt, geschliffen, hin und her geworfen. Widerständen und Schwierigkeiten gingen sie nicht aus dem Weg, sie waren Wind, Sonne und Wasser ausgesetzt, manche Verletzungen zeigen sich auf ihrer Schale.

Auch ich habe eine Lebensgeschichte. Was hat mich geprägt, geschliffen, verletzt? Als Pilger bin ich Wind und Wetter, Sonne und Regen ausgesetzt, ich bin unterwegs in der Fremde. Wie erlebe ich dieses »Unterwegssein auf Pilgerwegen«? Was verändert es in mir?

Muscheln erinnern an kostbare Perlen, die in ihnen reifen (vgl. die Erzählung »Die Muschel und der Fisch«). Während des Reifungsprozesses wird die heranwachsende Perle durch die Schale geschützt und geborgen.

Wodurch fühle ich mich geborgen und geschützt auf dem Pilgerweg hier und im Alltag? Kann ich dem Psalm vertrauen »Ich fürchte kein Unheil; denn du bist bei mir« (Ps 23,4)?

Muscheln sind Weichtiere und schützen sich durch die Schale. Hinter ihrer harten Schale steckt ein weicher Kern.

In welchen Situationen brauche ich Schutz? Außen hart, innen weich – lebe ich danach? Pflege ich auch meine »weichen« Seiten?

Die Jakobsmuschel besteht aus zwei Hälften. Sie sind aufeinander angewiesen, um das, was in ihnen wächst, zu schützen. Miteinander leben, füreinander da sein, sich einander öffnen, um nährendes Wasser aufzunehmen.

Mich erinnert das an Partnerschaft und Elternschaft, an zwei Geheimnisse unseres Lebens. Was bedeuten sie mir? Dem Partner/der Partnerin ganz nahe zu sein und dennoch sich gegenseitig Freiraum zu lassen? Die »Perle Kind« ins Leben zu begleiten?

Die Muschelhälfte wurde lange als Schöpf- und Trinkgefäß verwendet und heute dient sie gar als Markenzeichen einer Tankstellenkette.

Halt an, tank auf! Nütze den Pilgerweg! Schöpfe Wasser aus seinen Quellen für deinen Lebensweg! Dazu bin ich täglich neu eingeladen. Welche Quellen habe ich schon entdeckt? Was in mir braucht frisches Quellwasser, um wachsen und reifen zu können?

Offene Muschel

Gott,
lass mich eine offene Muschel sein:
offen um zu empfangen
offen um zu wachsen
offen um zu teilen
offen um zu schenken

Gott,
lass mich eine offene Muschel werden:
für den Pilgerweg meines Lebens,
für meine Mitmenschen daheim,
für ihre Zuneigung und Liebe,
für ihre Sorgen, Ängste und Nöte.

Gott,
lass mich als offene Muschel leben:
mit den Erfahrungen meines Weges,
mit Jakobus als Wegbegleiter,
mit deiner befreienden Botschaft,
mit deinem Segen.

Peter Müller

INFORMATIONEN

Die Muschel und andere Pilgerzeichen

Die Muschel ist als vieldeutiges Symbol in vielen Religionen zu finden. Christen sahen in ihr schon bald ein Symbol für die Zeugung des Gottessohnes in der Jungfrau Maria, die die Perle Jesus hervorbringt. Die Perle wird auch auf Christus hin gedeutet. Um sie zu besitzen, ist ein Kaufmann bereit, alles zu verkaufen (Mt 13,14 f.).

Warum die Kammmuschel zum Kennzeichen der Jakobuspilger wurde, versucht eine Legende zu erklären: »Ein junger Adliger sei am Strand von Padrón dem Boot, das den Leichnam des Jakobus nach Galicien brachte, ins Meer entgegengeritten. Die Wellen schlugen über ihm zusammen, da rettete ihn Jakobus. Als er am Ufer wieder ankam, waren Reiter und Pferd mit Muscheln bedeckt«. Seitdem stehen die »Muschelbrüder« unter dem Schutz des Apostels.

Zum Pilger gehörte im Mittelalter nicht nur die Muschel, sondern auch der Pilgerstab bzw. ein kräftiger Stock, als Zeichen dessen, der unterwegs ist, aber sich auch gegen Gefahren (Wölfe, Hunde) wehren muss. Am Pilgerstab hing die Kalebasse (ausgehöhlter Kürbis) als Trinkgefäß. Hinzu kam ein trapezförmiger Beutel für den Reiseproviant, Reisegeld und Wertgegenstände sowie ein weiter, regenfester Umhängemantel, die Pelerine. Zwei Paar Schuh und ein breiter Hut rundeten – wie die ersten Strophen eines alten Pilgerliedes es besingen – die Pilgerausrüstung ab.

1.
Wer das elend bauen wel,
der heb sich auf und sei mein gesel
wol auf sant Jakobs straßen!
Zwei Paar schuch der darf er wol
ein schüßel bei der flaschen.

2.
Ein braiten hut den soll der han
Und an Mantel sol er nit gan
mit Leder wol besezet;
es schnei oder regn oder wähe der wint,
dass in die luft nicht nezet.

3.
Sack und stab ist auch darbei.
er lug, dass er gebeichtet sei,
Gebeichtet und gebüßet!
Kummt er in die welschen land,
er findt kein' teutschen priester.

Altes Pilgerlied

WENN STEINE ERZÄHLEN

INNEHALTEN

»Auch aus Steinen,
die einem
in den Weg gelegt werden,
kann man Schönes bauen.«

Johann Wolfgang von Goethe

Steine als Weghindernis, Steine als Stolpersteine? Betrachten wir sie jedoch aus anderer Perspektive, dann können sie beitragen zum schönsten Bauwerk. Indem ich sie und ihre Millionen Jahre dauernde Erfahrung zum Erzählen bringe, können sie auch zu meinem inneren Aufbau beitragen. Auf vielen Wegen greifen heute Pilger eine alte Tradition auf und bauen am Wegrand immer wieder kleine Türme mit Steinen in unterschiedlicher Form und Größe. Entlang des Jakobusweges durch Spanien begegnen wir – spätestens ab Kastilien und vor allem in Galicien – immer wieder Kilometersteinen, auf denen andere Pilger Steine aufeinander gehäuft haben. Das erinnert mich an eine Geschichte aus der islamischen Welt (vgl. nächste Seite den Text im Bild).

Ich bin unterwegs. Heute hebe ich einen Stein auf und gehe mit ihm ein Stück des Weges. Ich komme mit ihm ins Gespräch. Er erzählt aus seinem »Stein-Leben«, ich aus meinem Leben.

- Er erzählt mir von seiner Herkunft, seiner ursprünglichen Verbindung mit einem großen Felsgestein, von seiner schmerzhaften Ablösung, aus seiner ersten Zeit allein, seinem Unterwegssein.
  Und ich, was erzähle ich?
- Er erzählt, wie groß oder klein, hart oder kantig, rau oder glatt er war, ist oder sich gefühlt hat, von seinen leidvollen und angenehmen Begegnungen ...
  Und ich, was erzähle ich?
- Er erzählt von Hitze und Kälte, von Sonne und Regen, von Alleinsein und Übersehenwerden am Wegesrand, von Füßen, die über ihn stolpern, auf ihn

Auf ihrem Weg nach Mekka hoben die Pilger Steine vom Wegrand auf, trugen sie eine Wegstrecke mit sich und legten sie dann wieder an sichtbarer Stelle ab. Andere Pilger taten es ebenso, nahmen die abgelegten Steine auf, trugen sie ebenfalls ein Stück weiter und legten sie wieder ab. Unterwegs kamen sie mit den Pilgern ins Gespräch, hörten ihnen schweigend zu und erzählten auch aus ihrem Leben. So pilgerten auch die Steine nach Mekka.

treten oder einfach beiseite kicken, von Menschen, die ihn prüfend anschauen, liegen lassen oder wegwerfen.

Und ich, was erzähle ich?

- Er erzählt von seiner Belastbarkeit, seiner Sicherheit und Zuversicht, von der Wärme der Sonne, die er aufnimmt, konserviert und weitergibt.

  Und ich, was erzähle ich?

- Er erzählt von Menschen, die stehen bleiben, ihn wahrnehmen, seine Form, Eigenarten, Farben, Muster, Ecken, Kanten und Rundungen, aber auch von seiner Dankbarkeit, wenn sie ihn ein Stück Weg mitnehmen und sie miteinander ins Gespräch kommen.

  Und ich, was erzähle ich?

Die erzählten Erfahrungen meines Steines werden zum »Stein des Anstoßes« für mein Erinnern und Erzählen. Ich entdecke Gemeinsamkeiten, Zeiten, in denen ich mich hin und her geworfen, kantig oder glatt, getreten oder benutzt, belastbar oder schwer, liegen gelassen oder getragen, ruhig und sicher fühle. Wie dankbar bin ich, wenn einer kommt und mich eine Wegstrecke begleitet, mitträgt und wieder loslässt. So ruft mir mein Stein zum Abschied zu:

Ich wünsche dir,
dass du immer wieder
Menschen begegnest,
die offen und ehrlich zu dir sind,
Menschen, denen du so wichtig bist,
dass sie dir auch gelegentlich
mit einem kritischen Wort helfen,
deine bisherige Denkweise
in einem neuen Licht zu sehen,
damit sich dein Leben
nach innen vertiefen
und nach außen weiten kann.

Christa Spilling-Nöker

Der Steinhaufen vom Cruz de Ferro

Entlang unseres Weges begegnen wir Steinen in unbehauener, in bearbeiteter und verarbeiteter Gestalt, in vielfältigen Formen und Farben. Oft werden ganze Landstriche von einer Steinformation und Farbe geprägt. Von Menschenhand bearbeitet, gestaltet und einander zugeordnet, werden Steine oft zu »sprechenden Steinen«. Als Kapitell oder Relief erzählen sie ihre von Baumeistern und Steinmetzen gestaltete Botschaft in Kirchen, Klöstern, Kreuzgängen, in Burgen, Schlössern, Säulen, Mauern u.a.m.

Auf dem Jakobusweg in Spanien gibt es außerdem ein besonderes »Stein-Ritual«. Auf der Strecke zwischen Astorga und Ponferrada führt der Weg über Rabanal bis zum Cruz de Ferro (Eisenkreuz), das die Passhöhe (1504 m) markiert. Einem alten Brauch folgend, trägt heute noch jeder Jakobuspilger einen Stein auf die Anhöhe. Warum einen Stein?

Ursprünglich war der Steinhaufen eine Grenzmarkierung, von den Römern Merkurberg genannt. Nach heidnischer Tradition mussten die Reisenden einen Stein auf den Hügel werfen. Entsprechend dieses Brauchs nehmen heute Pilger von daheim oder unterwegs, spätestens jedoch von Rabanal del Camino oder von Foncebadón aus einen Stein mit. Sie gehen schweigend den Berg hinauf, kommen mit ihm ins Gespräch (vgl. Impuls S. 124 f.) oder sehen ihn als Symbol für eine Belastung in ihrem Leben, für ihre Sorgen oder Schwierigkeiten, die sie gerade mit sich herumtragen. Im meditativen Gehen beschäftigen sich die Pilger damit. Oben angekommen, werfen sie mit dem Stein symbolisch ihre Last auf den großen Steinhaufen zu den Steinen der Pilger aus vielen Jahrhunderten. Es gibt eine ungeschriebene Regel: Auf diesen Steinhaufen werden Steine – symbolisch: persönliche Lasten – geworfen, es werden jedoch keine Steine mitgenommen.

HEILIGE ORTE UND RÄUME

INNEHALTEN

»Das Heilige ist der Ort, an dem Gott in unserer Welt sichtbar und erfahrbar wird.«

Anselm Grün

Sei es in der engeren Heimat oder in anderen Ländern, wir begegnen auf Jakobuswegen zahlreichen Zeichen und Orten. Vom einfachen Richtungswegweiser über Symbole wie Muschel, Stern, Wegkreuz, bis zu »heiligen Orten« wie Kapellen, Kathedralen, Kreuzgängen, aber auch ein Berg, ein Steinhaufen, ein Felsen, ein Brunnen u.a. kann bedeutungsgeladen sein. Schon für den religiösen Menschen der Frühzeit gab es heilige und energiegeladene Orte und Räume. Hier ist »Gott« anwesend, im Gegensatz zum profanen Bezirk. Wenn ich mich in diesen heiligen Bezirk begebe, dann gilt das Wort Gottes an Mose: »Komm nicht näher heran! Leg deine Schuhe ab; denn der Ort, wo du stehst, ist heiliger Boden« (Ex 3,5).

Dem entgegen steht die Auffassung des aufgeklärten Zeitgenossen: Gott ist überall. Er braucht keine heiligen Bezirke, Kirchen und Symbole. Doch die religiös-psychische Grundverfassung spricht – oft auch bei Menschen, die sich nicht als religiös bezeichnen – eine andere Sprache. Es gibt besondere Orte, an denen Menschen sich wohl fühlen, an denen sie loslassen, abladen und auftanken können, an denen sie sich ruhig, angenommen und zugehörig fühlen. Sie spüren, diese Orte sind voller Energie, voller Schwingungen, sie haben eine besondere Ausstrahlung und sind für sie »heilige Orte«, an denen sie »heil« werden können. Für die einen ist das die unscheinbare Kapelle am Wegrand, für die anderen ein Kloster oder ein Kreuzgang, für wieder andere ein Wegkreuz oder das Portal einer Kirche. Für Pilger auf dem spanischen Teil des Camino sind das häufig Orte wie z.B. Roncesvalles gleich nach dem Gang über die Pyrenäen, das eiserne Kreuz (Cruz de Ferro, vgl. S. 127) oder das »Tor der Versöhnung« in Villafranca del Bierzo (vgl. S. 138).

Unterwegs auf Pilgerwegen begegnen uns »heilige Orte« und Räume in vielfältiger Weise. Nicht immer werden wir aufnahmebereit genug sein, um ihre ganze Ausstrahlung zu erfassen. Sie laden ein, sich vor oder in ihnen Zeit zu nehmen, sich auf sie einzulassen, in sie einzutauchen. Dabei kommt nicht nur der Körper zur Ruhe, hier kann vor allem die Seele atmen, manches geheilt und Energie getankt werden. Heilige Orte als Kirchen sind Schutzräume, an denen ich Stille erlebe und unterwegs bin zu meiner Mitte. Dazu folgende Anregung:

- Ich trete langsam und achtsam über die Schwelle in den Eingangsbereich einer Kirche.
- Ich bleibe stehen und nehme den Raum wahr: Größe, Höhe, Raumaufteilung, Farben, Lichtquellen, auffallende Merkmale. Wie wirkt der Raum auf mich? Was macht er mit mir?
- Ich suche mir einen mich ansprechenden Ort in der Kirche und sitze still da. Wieder lasse ich den Raum aus dieser Perspektive auf mich wirken. Was ist anders, was entdecke oder spüre ich neu?
- Ich nehme Geräusche wahr, versuche, meine Gedanken loszulassen, abzuschalten, bewusst auf meinen Atem zu achten, still zu werden.
- Ich bin still, sitze da, lasse los, werde ruhiger, lasse meine Gedanken kommen und gehen. Ich bin auf dem Weg zu mir selbst.
- Ich schließe meine Gedanken, meine stille Phase mit einem freien Gebet, Dank oder Lobpreis ab (vgl. auch Gebet nächste Seite).

Dann erkunde ich diese Kirche und informiere mich über sie. Denn eine Kirche ist auch als »heiliger Ort« gleichzeitig ein Ausdruck, ein Zeichen einer langen abendländischen Kultur, ihrer Epochen und Baukunst. Sie sind eingeladen, diese Übung auch an anderen »heiligen Orten« zu wiederholen oder in der Natur »dann und wann einfach anzuhalten«.

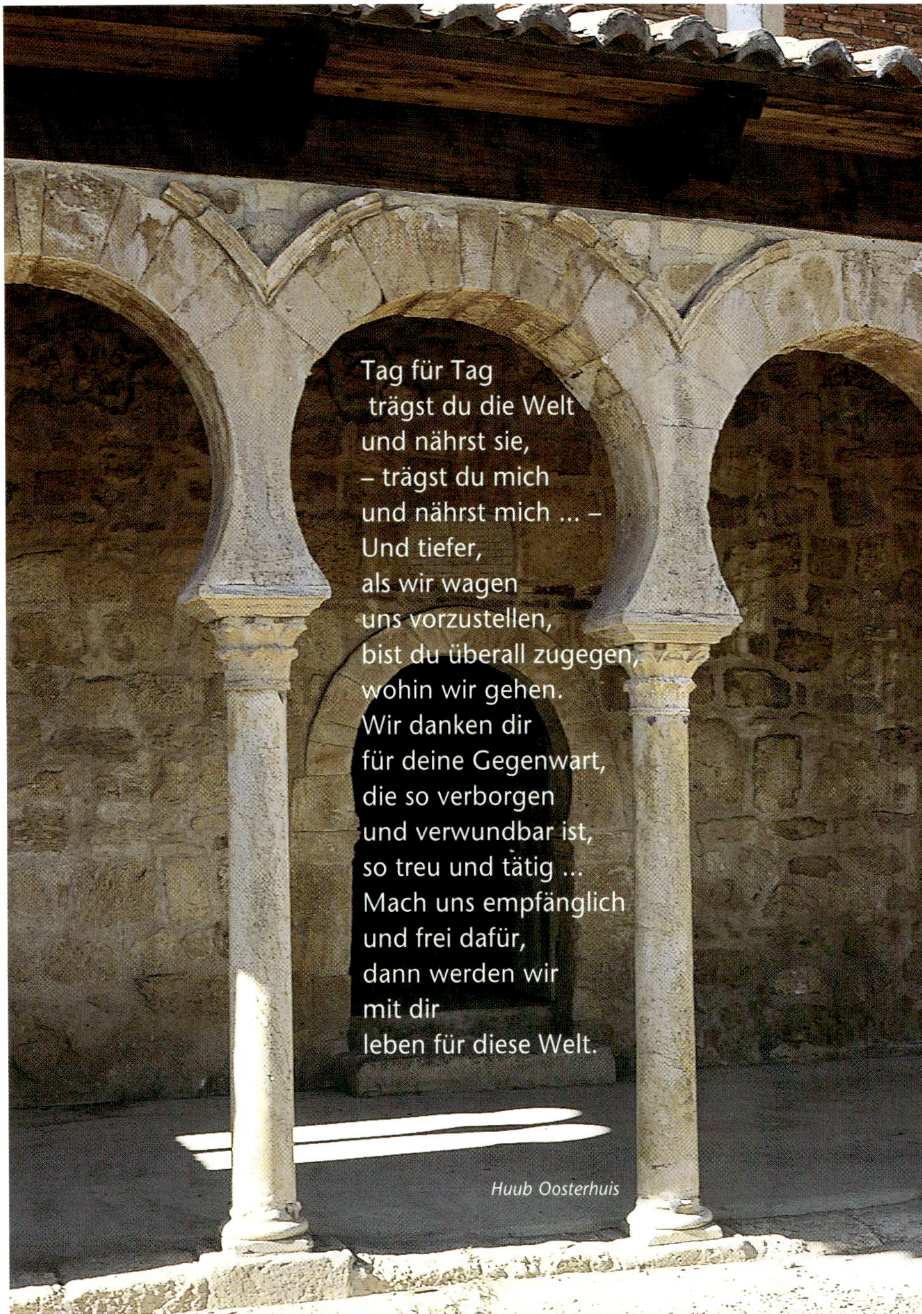

Tag für Tag
 trägst du die Welt
und nährst sie,
– trägst du mich
und nährst mich ... –
Und tiefer,
als wir wagen
uns vorzustellen,
bist du überall zugegen,
wohin wir gehen.
Wir danken dir
für deine Gegenwart,
die so verborgen
und verwundbar ist,
so treu und tätig ...
Mach uns empfänglich
und frei dafür,
dann werden wir
mit dir
leben für diese Welt.

Huub Oosterhuis

Heilige Räume – Auf dem Weg vom Wohnraum zur Kathedrale

Die Christen kamen anfangs noch in Wohnhäusern einzelner Gemeindemitglieder oder größeren Räumen, wie nicht mehr genutzten Thermen oder Basiliken, zu Gebet und Mahlfeier zusammen. Seit der Tolerierung durch Kaiser Konstantin (ab 4. Jh.) entstanden ausgeschmückte Versammlungsräume, heilige Orte, in denen man sich versammelte. Ausgehend von der Form der profanen Basilika entwickelten sich Gebäude mit speziellen Funktionen wie Taufkirchen oder Mausoleen für Märtyrer. Damit begann die Entwicklung christlicher Kulträume, die im Laufe der Jahrhunderte – je nach aktuellem Zeitgeist, theologischem Verständnis, liturgischen Bedürfnissen, bautechnischen Möglichkeiten, Stilrichtungen und politischen Interessen – eine reichhaltige Architektur entfaltete, deren Zeugnissen wir heute noch in vielen Ländern, speziell auch entlang der vielen Jakobuswege begegnen. Gerade an »heiligen Orten« wurden zu Ehren des Jakobus und anderer Heiliger Kapellen, Dorfkirchen, Kathedralen und Klöster errichtet. Sie geben Raum zur Ruhe, Besinnung und Gebet. Sie alle werden in der Regel anhand ihrer charakteristischen Stilelemente und ihrer Entstehungszeit einer bestimmten Epoche zugeordnet. Oder sie sind Mischformen aus unterschiedlichen Epochen. In unterschiedlichen Ländern (z.B. Deutschland und Spanien) haben diese baugeschichtlichen Epochen bisweilen unterschiedliche Entwicklungen genommen. Die wichtigsten Stilrichtungen im Kirchenbau bis zur Kathedrale und deren Kennzeichen sollen hier in Stichworten, mit Hinweisen auf deren theologisch-symbolische Leitgedanken, aber auch ergänzt durch die spanischen Besonderheiten, aufgeführt werden.

Romanik, Gotik, Barock

- Romanik (ab Mitte 11. Jahrhundert): Ihre Entwürfe, Pläne und deren Verwirklichung im Kirchenbau wurden von der Vision bestimmt, »Ich sah die heilige Stadt, das neue Jerusalem, von Gott her aus dem Himmel herabkommen« (Offb 21,2). Waren in der Vorromanik die Kirchen noch relativ klein (oft mit Krypten verbunden, die noch heute, auch bei großen Kirchen zu sehen sind), so wurden später die Wände hochgezogen, die runden Fensterbögen brachten mehr Licht, und aus der Basilikendecke wurde ein »Himmelsgewölbe«. Dreischiffige Langhäuser, der Chor, die Wandmalereien (heute oft nur noch in kleinen Dorfkirchen zu sehen, z.B. in der Schweiz) als Form der Verkündigung und die Portale mit ihrem Figurenreichtum, der häufig den Menschen im Kampf zwischen guten und bösen Mächten zeigt, sind weitere Kennzeichen der Romanik. Der »neue Himmel« war für die Romanik eine Himmelsburg. Manche romanischen Kirchen wurden gleichsam zu Festungen getreu dem Lied »Eine feste Burg bist du, unser Gott«, am ausgeprägtesten in der Festungskirche San Nicolás in Portomarín am Camino de Santiago.

- Die Gotik entstand aus einem veränderten Weltbild: »Seit dem 12. Jahrhundert beginnen die Menschen, die Natur, den Lauf der Dinge, ja selbst Gott mit anderen Augen zu sehen. Man beobachtet genau die Naturvorgänge und stellt ihre Gesetzmäßigkeiten fest« (F. Fichtl, Der Teufel sitzt im Chorgestühl, Eschbach, 4. überarbeitete Aufl. 2002, S. 64). Damit wird vieles einsichtig, Vorgänge werden erklärbar und können nicht einfach bösen Mächten zugeordnet werden. Dieses Wissen beeinflusst nicht nur Philosophie, Theologie und Wissenschaft, sondern auch die Gestaltung gotischer Kathedralen.

  Die Gotik greift zwar schon bekannte Stilelemente wie Spitzbogen, Kreuzrippengewölbe oder Strebepfeiler auf (die wir heute als »gotisch« bezeichnen), verbindet, gestaltet und interpretiert sie aber neu. Licht und Farbe werden zu einem theologischen Fenster-Programm verbunden. Die gotische Kathedrale wird zum hochstrebenden steinernen Symbol des »neuen Himmels«, zum bildhaften Ausdruck der Formeln und Definitionen, mit denen man glaubte, das Denken über Gott, die Erkenntnisse der Theologie und die Deutung der Welt anschaulich vergegenwärtigen zu können. Die gotische Kirche wird zum Abbild des Universums und in Spanien vor allem zu einer Pilgerkirche, die einlädt, ein Stück des »neuen Himmels« zu erleben.

  Die Wurzeln der Gotik liegen im heutigen Frankreich und entfalten sich dort auch im Laufe der Jahrhunderte in vielfältigen und symbolträchtigen Bauten (z.B. Amiens, Reims, Chartres). Diese beeinflussen das Bauprogramm der großen Kathedralen Nordspaniens und die gotischen Dome in Deutschland.

- Dem neuen Ideal des Menschen als autonome Person entspricht im Barock »der vollkommene Mensch auf dem Höhepunkt seiner Kraft und Schönheit« (F. Fichtl, a.a.O., S. 127). Im politischen Bereich ist das der Herrscher, seine Macht und sein Glanz, zur Schau gestellt durch die Schlossbauten und Residenzen, religiös ist es der barocke Kirchenbau ab Mitte des 16. Jahrhunderts. Barocke Kirchen – ob Wallfahrts-, Kloster- oder Residenzkirchen – wurden zum »heiligen Schauspiel« (F. Fichtl) mit Figuren, Säulen, Seitenaltären, Farben, Lichtführung, Stuckarbeiten, Altarbildern und Deckenfreskos. Jedes Deckenfresko hatte ein eigenes theologisches Programm, mit seinen Heiligen, den örtlichen Kirchenpatronen, Lokal- oder Ordensheiligen. Auch mythologische Figuren wurden integriert. Alles strebt auf die Herrlichkeit Gottes zu. Er thront oben im hellsten Licht, umgeben von den himmlischen Heerscharen. Das Deckengewölbe wird zum »Neuen Himmel« für die betenden Gläubigen.

  Heute begegnen wir in vielen Kirchen dem barocken Bauideal in einzelnen Elementen, z.B. einer Kanzel, verschiedenen Figuren. Auch die romanische Kathedrale von Santiago de Compostela erhielt ab Mitte des 16. Jahrhundert vor allem im Altarbereich und an den Seitenaltären eine barocke Ausstattung. Am bekanntesten ist jedoch die barocke, repräsentative Westfassade (1738-50) der Kathedrale, die damit die bedeutendste romanische Portalfassade Spaniens schützt, den Pórtico de la Gloria (12. Jh.) des Meisters Mateo (vgl. dazu Peter Müller, Wer aufbricht kommt auch heim. Eschbach ^{3}2001, Seite 126–128).

Besondere spanische Baustile

- Westgotische Baukunst: Ab Mitte des 5. Jahrhunderts bis 711 beherrschten die Westgoten die Iberische Halbinsel. Nach dem sie vom Arianismus zur katholischen Orthodoxie (589) übergetreten waren, entwickelten sie ihre Kunst, die bis in die romanische Epoche wirkte. Vieles wurde bei der Eroberung durch die Moslems (ab 711) zerstört, doch an den wenigen, noch exsistierenden Kirchen können wir vier wichtige Bau- und Schmuckelemente erkennen: Der kreuzartige Grundriss mit Apsis, das so genannte »Westgotenkreuz«, plastische Friesornamente und den Hufeisenbogen. Die beiden Letzteren wurden zum wichtigen Ausgangspunkt der moslemisch-maurischen Kunst, z.B. in Córdoba, bis zu den Ausschmückungen der Alhambra in Granada.

- Mozarabische Stilrichtung (9.–11. Jahrhundert): Das ist eine spätwestgotische Kunst, von Christen ausgeführt, die einige Zeit im moslemischen Herrschaftsbereich lebten, dort Erfahrungen mit den moslemischen Bautechniken sammelten und nach der Gebietsbefreiung (Reconquista) oder ihrer Flucht, diese in den Bau ihrer christlichen Kirchen einbezogen, z.B. San Miguel de Escalada.
- Mudejarstil (ca. 12.–15. Jahrhundert): Ein Baustil, der nach der Weiterentwicklung der moslemischen Baukunst von moslemischen Baumeistern, die nach der Reconquista, d.h. nach der Eroberung moslemischer Gebiete durch die Christen, nun unter deren Herrschaftsbereich lebten und für Christen Kirchen bauten, z.B. Torres del Rio, Sahagún.

TÜR UND TOR

INNEHALTEN

Ich bin die Tür.
Wer durch mich
eintritt,
wird gerettet werden.
Joh 10,9

»Tür« und »Tor« – wir benutzen sie täglich, machen uns wenig Gedanken, und doch sind sie sprechende Zeichen. Wir verlassen unser Haus durch die Türe. Als Pilger stehen wir viellleicht unterwegs vor der alten, eisenbeschlagenen Eichentür einer kleinen Waldkapelle, gehen vorbei am großen Scheunentor eines fränkischen Bauernhofes, der geschnitzten Tür eines Schweizer Gutshofes oder spanischen Weingutes. Wir gehen durch schmucke Gasthoftüren, sachliche Glastüren und mächtige Stadttore; wir stehen staunend vor einfachen und prächtigen, offenen oder geschlossenen, symbolhaltigen und häufig auch vom Zahn der Zeit zerstörten Kirchenportalen, an denen die jeweilige Kunstrichtung ihre Deutung der christlichen Botschaft verkündet.

»Tür« und »Tor« – sind Visitenkarten eines Hauses, sie erzählen häufig eine individuelle Geschichte. Sie sind aber auch das Pendel zwischen zwei Räumen, von innen und außen, von Bekanntem und Neuem. Mit »Tür« und »Tor« mache ich im Laufe meines Lebens wichtige soziale Erfahrungen. Sie sind ein Symbol meines Lebens. Ich lade Sie ein, sich von diesem Symbol ansprechen zu lassen:

Sehen:

Ich sitze z.B. vor einer Kirchentür (oder einem Portal, einer Klosterpforte) und nehme mir Zeit, sie anzuschauen – Farbe, Beschaffenheit, Beschläge, Griff, Figuren, Schmuck, Einrahmung, Treppenzugang, Schwelle ...

Erinnern:

Jeder hat so seine »Tür-Erlebnisse«. An welche Türe erinnere ich mich? Welche spielte in meinem Leben oder in welcher Situation eine wichtige Rolle? Wie sah sie aus? Wo führte sie hin?

Erfahren:

Welche Erfahrungen verbinde ich damit? Eine Tür kann man öffnen und schließen, sie kann einladen und aussperren, abwehren oder ermutigen, angelehnt oder verriegelt sein, offen stehen und zugeschlagen werden. Sie trennt das Innen und das Außen. Die äußere Weite wird nach Übertreten der Türschwelle zu einem eingegrenzten, meist privaten Raum. Mein Unterwegssein wechselt an der Tür von der Weite in eine Geborgenheit, ein Daheimsein. Oder es führt in die Enge eines Raumes. Wer hat mir Türen im Leben geöffnet? Welche »Türen« haben mich ermutigt, mir weitergeholfen?

Gefühle:

Tür, Tor und Portal wecken Neugierde, manchmal Ängste, was sie wohl eröffnen werden, aber sie schaffen auch Ordnung. Äußere Verwirrung und Bedrohung werden ausgesperrt oder durch sie verstärkt, wenn ich mich eingeschlossen fühle. Viele Portale mit schweren Türen schützen vor dem Lärm der Welt. Sie laden ein einzutreten, innen ruhig zu werden, sich sicher zu fühlen, zur eigenen Mitte, zum inneren Frieden zu finden. Wann schließe ich Türen, um allein zu sein?

Ich als Tür:

Jeder kann zur Tür werden, aufgeschlossen oder verschlossen, einladend oder abwehrend, bergend oder zurückstoßend, friedfertig oder feindlich. Er kann zum befreienden Eingang oder zur unüberwindlichen Schwelle werden.

Welche Menschen wurden mir zur Tür? Welchem konnte ich zur Tür werden? Welche Türen zu anderen und für andere Menschen will ich in Zukunft öffnen?

Tür, Tor und Portal sind sprechende Zeichen, denen wir täglich begegnen, lebendige Symbole für menschliches Miteinander. Bin ich bereit, ihre Botschaft zu entdecken?

Ent-decke deine Betrachtungsweise

Ent-decke:
Es gibt immer mehrere Möglichkeiten

Stehst du in der Tür?
Betrachtest du die Tür?

Siehst du heraus?
Siehst du hinein?

Aus beiden Blickrichtungen gibt es viel Farbe.
Aus beiden Blickrichtungen gibt es viel Licht.

Eine Blickrichtung macht den Weg weit.
Eine Blickrichtung macht den Weg eng.

Ent-decke:
Nur du entscheidest über die Blickrichtung.
Nur du entscheidest über die Betrachtungsweise.

Ent-decke neu:
Deine Weite
Deine Offenheit
Deine Farbe
Deine Möglichkeiten

Bleib jetzt nicht stehen,
Geh weiter!

Eine neue Tür öffnet sich.
Eine neue Tür weitet dein Leben.

Joachim Cruse

Tore der Versöhnung

Das Portal einer Kirche markiert die Grenze zwischen sakralem und profanem Bereich, zwischen Innen und Außen, zwischen Diesseits und Jenseits. Der Raum, den das Portal zugänglich macht oder verschließt, wird zum heiligen Bezirk, sobald der Bischof die Schwelle über- und das Portal mit einem Ritual durchschreitet und die Kirche weiht.

Portale wurden in der Romanik und Gotik figurenreich geschmückt. Im Tympanon thront Christus als der Auferstandene, als strenger oder barmherziger Richter. Um ihn herum die Versuchungen der Welt (Tiere, Teufel, Laster, Sünder) und die Heiligen, Erwählten und Erlösten. Christus selbst ist die Tür in den sakralen Raum der Kirche und des Himmels.

Im Mittelalter hatten die Pilger aus den europäischen Ländern einen langen, entbehrungsreichen und oft gefährlichen Weg bis nach Santiago de Compostela vor sich. Gleichgesinnte und Freunde begleiteten sie, aber sie mussten auch mit Räubern, Verletzungen und todbringenden Krankheiten rechnen. Viele konnten ihr Ziel, die Vergebung ihrer Schuld in Santiago de Compostela nicht erreichen. Doch dafür gab es schon vorher in León und Villafranca del Bierzo jeweils ein Versöhnungstor. Pilger, die todkrank und zu schwach waren, um den Weg nach Santiago fortzusetzen, erhielten hier die »Generalabsolution« (Lossprechung von all ihren Sünden), so als wären sie in Santiago, dem Ziel ihrer Reise, gewesen. Durch dieses Tor einzuziehen, bedeutete für sie Vergebung ihrer Schuld, Versöhnung mit sich selbst und Christus, dem Weltenrichter. Warum gerade hier dieses Privileg? Für den Platz in Villafranca del Bierzo wurde aus verschiedenen Quellen erschlossen, dass schon frühere Kulturen hier einen Altar errichtet hatten. Viele messen dem Ort auch heute noch magische Kräfte zu. Sklaven, die aus den Goldminen von Las Médulas flüchten und sich bis zu diesem Ort durchschlagen konnten, sollen hier ihre Freiheit erhalten haben. Auch die Römer akzeptierten diese frühreligiöse Stätte als Ort der Befreiung. So ist der Gedanke nahe liegend, dass das Christentum bewusst an diesen Brauch anknüpfte und man todkranken Pilgern bereits hier die Befreiung von Schuld zusprach. Diese Pilger erlebten hier, was Jesus mit seinem Wort von der Tür meint: »Ich bin die Tür, wer durch mich hineingeht, wird gerettet werden« (Joh 10,9).

KREUZE AM WEG

INNEHALTEN

> **»Die zentrale Botschaft des Christentums heißt:
> Es gibt keinen Tod, in dem nicht schon der Anfang neuen Lebens ist.
> Es gibt kein Kreuz, dem nicht die Auferstehung folgt.«**
>
> **Anselm Grün**

Als Pilger sind wir angewiesen auf Wegweiser, Ortsschilder, Zeichen und Pfeile. Aber zur Orientierung brauchen wir mehr, nämlich Wegzeichen für unser inneres Unterwegssein. Diese gleichen einem großen Spiegel an einer unübersichtlichen Straßeneinfahrt für Autos und Fußgänger. Er erweitert den Blickwinkel, ich schaue durch ihn »um die Ecke« in eine andere, eine verdeckte Dimension. So unterstützt er die Orientierung und bewahrt mich vor einem Unfall. Auch die Bildstöcke, Kapellen und Kreuze entlang meines Pilgerweges, ob in Franken oder Schwaben, in der Schweiz oder in Spanien, als Ort und Zeichen des Glaubens, der Hoffnung und der Liebe haben solch eine symbolische Aufgabe. Sie eröffnen den Blick für eine verdeckte Dimension in uns, und sie laden uns ein innezuhalten, uns zu sammeln und zu beten. Über ein fast zu vertrautes Wegzeichen, das Kreuz, lade ich Sie ein, heute nachzusinnen.

- **Begegnen und zusammenführen**: Die vielen Kreuze, denen wir entlang des Jakobusweges in allen Ländern begegnen, erinnern an Pilgerschicksale, an Höhen und Tiefen der Pilgerschaft, an Bitte und Dank. Das Zeichen des Kreuzes und des Apostels, der als erster Märtyrer dafür starb, führte die Pilger aus ganz Europa zusammen. Jedes Kreuz am Pilgerweg lädt ein, anzuhalten und sich zu fragen:
  Wo erlebe ich zurzeit Trennendes?
  Was kann ich dazu beitragen, es zu überwinden?
- **Durchkreuzen**: Täglich treffen wir auf Kreuzungen. Wege aus verschiedenen Richtungen stoßen zusammen, verbinden sich für kurze Zeit zu einer Mitte und durchkreuzen sich: auf Pilgerwegen und im Leben. Jeder kennt Hoffnungen und Wünsche, Pläne und Wege in seinem Leben, die durchkreuzt wur-

den, an denen er schwer zu tragen hat. Solche Kreuze tragen viele Namen: Enttäuschung, Scheidung, Arbeitslosigkeit, Sinnlosigkeit, Misstrauen. Doch auch diese Kreuze des Lebens werden durch das Kreuz Jesu durchkreuzt. Sein Kreuz ist vor allem das »Zeichen der Wiederkunft des auferweckten Christus«, der sich schon während seiner Wanderjahre all denen besonders widmete, die »ihr Kreuz« zu tragen hatten. Sein Kreuz ist Zeichen der Solidarität und Hoffnung zugleich. Ich frage mich:

- Meine Pläne und Ziele – welche wurden wodurch durchkreuzt?
- Welches »Kreuz« wird mir zurzeit zur Last? Wodurch?
- Was gibt mir Kraft und Hoffnung zu neuen Wegen?

- **Entscheiden:** Wenn Wege sich kreuzen, müssen wir uns entscheiden, welchen wir gehen. Wenn wir an Wegkreuzungen unseres Lebens stehen, spüren wir oft eine innere Spannung, weil wir die Tragweite einer Entscheidung mehr erahnen als durchschauen. Doch können wir nicht zwei oder mehrere Wege gehen. Vielleicht steht deshalb oft an einer Wegkreuzung ein Kreuz. Es ist Symbol der Hoffnung, das einlädt anzuhalten, sich in der eigenen Mitte zu sammeln, sich zu orientieren, sich zu öffnen und im Vertrauen auf den gekreuzigten und auferweckten Christus weiterzugehen. Ich frage mich:

- Was muss ich demnächst entscheiden? Vor welcher Wegkreuzung stehe ich?
- Was muss ich tun, um mich für den richtigen Weg entscheiden zu können?

Steh auf,
packe es an.
Nimm dein Leben
in die eigenen Hände.
Wende
das scheinbar
unvermeidbare Geschick
mit allen Kräften, die du hast
hin zu
deinem Glück.

Christa Spilling-Nöker

Das Kreuz als universales und als christliches Symbol

Das Kreuz ist ein universales Symbol, älter als das Christentum. Wir kennen unterschiedliche Kreuzesformen, doch die Ursprünglichste ist das Kreuz mit gleichschenkligen Balken, umgeben von einem Rad. Als solches ist es ein sehr altes Zeichen für die vier Himmelsrichtungen, für Licht und Sonne, die Jahreszeiten und später für Christus als Licht, für seine Weltherrschaft, für die vier Evangelien u.a.

Im Schnittpunkt des Kreuzes treffen sich Horizontale und Vertikale, Höhe und Tiefe, rechte und linke Seite. Es ist daher ein Symbol der Begegnung und des Zusammenführens, des Vermittelns und der Mitte, aber auch des Auseinanderstrebens und damit der Entscheidung. Das Kreuz verbindet spannungsreiche Gegensätze zu einer Einheit und wird so zum Symbol des Menschen, der eingebunden ist zwischen oben und unten, rechts und links, Kopf und Füßen, Gefesseltsein und Freiheit, Geist und Körper, Geburt und Tod, Bewusstem und Unbewusstem.

Als christliches Symbol, man denke an das uns so vertraute lateinische Kreuz mit ausgedehnter Längsachse, gewann das Kreuz erst allmählich Bedeutung. Bis zum 6. Jahrhundert trägt es auch keinen Korpus.

Auf dem Jakobusweg in Spanien begegnen wir im Westgotenkreuz der ursprünglichen Kreuzesform. Darin lebt die alte Symbolik zunächst weiter, nachdem das Kreuz bei den Römern als Instrument der Strafe, der Hinrichtung und des Todes verwendet wurde. Hinzu kommt nun die christliche Deutung. Das Kreuz des Todes wird zum Symbol der Erlösung und des Siegens. Es durchkreuzt den Tod und wird zum Wegzeichen der Nachfolge. »Wer mein Jünger sein will, der verleugne sich selbst, nehme sein Kreuz auf sich und folge mir nach« (Mk 8, 34).

DER KREUZGANG

INNEHALTEN

**In der Ruhe liegt die Kraft,
in der Harmonie die Schönheit.**

Inmitten unserer lauten Welt, unseres kreativen Tätigseins und unserer Rastlosigkeit brauchen wir Zeiten und Orte, um zur inneren Ruhe zu kommen, um zu schauen, zu hören und zu spüren, was wirklich wichtig ist. Solche Orte sind häufig Kreuzgänge.

Eine andere Welt öffnet sich mir, wenn ich von der Straße in den Kreuzgang eines Klosters eintrete. Habe ich das Glück, ihn ohne großen Besucherandrang zu erleben, dann öffnet sich mir ein Raum der Stille und des Friedens, der aus dem Lärm der Welt herausgenommen ist.

- Ich stehe und nehme zunächst schauend wahr, z.B. Gänge, Säulen, Bögen, Zypresse, Blumen, Gestaltung des Innenraums, Kapitelle, die architektonische Komposition, fehlende Teile, einen Brunnen, Verzierungen ...
- Ich stehe und nehme hörend wahr, z.B. das plätschernde Wasser des Brunnens, Vogelgezwitscher, flüsternde Menschen ...
- Ich gehe und lasse mich neugierig betrachtend ein, z.B. auf die zierlichen, stabilen oder verschlungenen Säulen, auf die Kapitelle mit ihren biblischen Motiven, kunstvollen Fabelwesen, Vögeln, Ornamenten und Rankenwerke, auf die kreuzförmige Anordnung, auf Besonderheiten dieses romanischen, gotischen oder barocken Kreuzgangs oder auf spezielle Darstellungen der biblischen Botschaft, die häufig an Eckpfeilern zu finden sind. Unterstützende schriftliche Informationen gibt es dazu häufig am Eingang zum Kreuzgang bzw. Kloster. Oder ich entdecke einfach für mich, ohne schriftlichen Begleiter.
- Ich setze mich und erspüre für mich diesen Kreuzgang, was in ihm lebt, wie er gestaltet ist, was er ausstrahlt, was er in mir hervorruft. Ich fasse meine Gedanken in einem Gebet zusammen.

Kreuzgang

Stumme Steine
verbinden und erzählen
von fernen Tagen,
von Kirche und Refektorium,
von Gebet und Arbeit,
von Chorgesang und Ruhe.

Zu Stein gewordene Bilder
wollen betrachtet,
wollen angesprochen werden,
in Sammlung und Stille:
meditierend sehen,
meditierend unterwegs sein,
meditierend beten.

Erzählende Steine
berichten
von Gottes Zuwendung
zu den Menschen,
sprechen
von Schuld und Vergebung,
von Unterdrückung und Befreiung,
von Vergänglichem und Ewigkeit,
verkünden
Jesus, den Christus,
den Retter der Welt,
den Herrn des Himmels und der Erde.

Peter Müller

Leider treffe ich auch auf zerstörte oder verfallende Kreuzgänge. Ich kann auch in ihnen zur Ruhe kommen, mir vorstellen, wie hier Menschen lebten, beteten und arbeiteten. Ich schaue, höre und spüre nach und fasse meine Gedanken zusammen.

Verfallener Kreuzgang

Gesang und Gebet
sind verstummt
seit Jahrhunderten

Was bleibt
sind Mauerreste
einzelne Bögen
verwitterte Kapitelle
abgebrochene Säulen
zerstörte Reliefs

Die Natur
sucht sich ihren Weg
Grashalme
Unkraut
Heckenrose
Löwenzahn
Vogelnester

Touristenführer
erzählen die Geschichte
Pilger
genießen die Stille
Mauern und Natur
verkünden weiterhin
Gott ist da.

Peter Müller

Von der Bedeutung eines Kreuzgangs

Entlang der alten Pilgerwege wurden zum Schutz, als Unterkunft und zur Betreuung – im Pilger wurde Christus aufgenommen – Klöster errichtet. So stehen wir heute immer wieder staunend auch in kleinen und großen, romanischen und gotischen, einfachen und großartig gestalteten, aber auch in zerfallenen und zerstörten Kreuzgängen. Ein Kreuzgang gehört seit dem 9. Jahrhundert zu einem Kloster und manche Klöster sind vor allem wegen ihres Kreuzgangs berühmt, z.B. Moissac oder Santo Domingo de Silos. Aber auch bei vielen Kathedralen finden wir Kreuzgänge, da hier zunehmend Kathedralkapitel als klosterähnliche Priestergemeinschaften nach den Regeln des heiligen Augustinus lebten. In der Regel des heiligen Benedikt (5. Jahrhundert) finden wir keine Beschreibung des Kreuzgangs. Er wird erst später zum Inbegriff, zur Mitte des Klosters. Seine ungewöhnliche Lage und Ausstattung weisen auf seine zentralen Funktionen und seine Bedeutung hin. Er war tragender Bestandteil klösterlichen Lebens, das »Herzstück des Klosters« (W. Braunfels). In theologischer Bedeutung umschlossen die vier raumteilenden Wege eines Kreuzganges die Erde, mit dem Himmelsgewölbe als Zelt, mit Brunnen (Wasser des Lebens) und Baum oder Säule. Er ist gleichsam ein Raum der Hoffnung, der irdische Welt und himmlisches Jerusalem verbindet.

Nach dem St. Gallener Klosterplan (um 800) hatte der Kreuzgang eine quadratische Idealform und lag an der Südseite der Kirche. Diese Regel wurde – je nach örtlichen geografischen Gegebenheiten und entsprechend dem Stil einer Epoche oder dem Verständnis einer Klostergemeinschaft – verändert. Dennoch blieben wesentliche Aufgaben des Kreuzganges für das Klosterleben erhalten.

- Zunächst verbindet ein Kreuzgang verschiedene Klosterräume: Kapitelsaal, Bibliothek, Refektorium, Schlaf-, Arbeits- und Gemeinschaftsraum. Vor dem 8. Jahrhundert wurden diese Räume – wie zum Teil heute noch bei den Kartäusern – um dieses »Atrium des Klosters« gruppiert. Der Kreuzgang war das Bindeglied für den täglichen Lebensrhythmus zwischen dem benediktinischen »ora« (bete) und »labora« (arbeite), zwischen Essen und Schlafen, Alleinsein und Gemeinschaftserfahrung.

- Der Kreuzgang wurde genutzt als Versammlungsort und als Ort der Sammlung. Als Versammlungsort zur Beratung und für Gerichtsverhandlungen diente er so lange, bis der Kapitelsaal, der erst später entstand, diese Funktionen neben anderen übernahm. Noch heute ist er ein Ort der Sammlung für den Einzelnen und für die Gemeinschaft. Auf ein Zeichen hin kommen die Mönche von ihrer Arbeit, treffen sich im Kreuzgang zur »statio«, legen alles Äußere ab, versuchen, sich nach innen zu sammeln und ziehen gemeinsam in die Kirche zum Chorgebet.
- Kreuzgänge laden ein zum Gehen und zur Stille. Im Gehen unter dem Gewölbe und dennoch im Freien wechselt immer die Perspektive durch den Innenraum, wechseln Licht und Schatten. Der nicht endende Rundgang regt an, das eigene Dasein aus immer neuer Perspektive zu betrachten, Licht- und Schattenseiten zu erkennen und sich im Unterwegssein zu wandeln. Eine unterstützende Anregung fanden die Mönche dabei in der künstlerischen Ausgestaltung vieler Kreuzgänge.
- Gerade romanische Kreuzgänge (spätestens ab 11. Jahrhundert) sind häufig »erzählende Kreuzgänge«. Pfeiler und Kapitelle, Basen und Reliefplatten, Wände und Decken werden mit weltlichen und biblischen Motiven kunstvoll gestaltet und ausgeschmückt. Sie ziehen die Aufmerksamkeit dessen an, der durch den Kreuzgang geht. Sie regen an zu schauen. Sie verkünden ihre Botschaft von Erde und Himmel, Unheil und Heil, Vergänglichem und Ewigkeit, Lebensalltag und himmlischem Jerusalem, und sie laden ein zum betrachtenden Gebet (vgl. auch »Klöster als Mahnzeichen der Entschleunigung«, S. 74).

Erfahrungen mit dem Kreuzgang

Anselm Grün

In meinem klösterlichen Leben spielt der Kreuzgang eine wichtige Rolle. Schon morgens um 5.00 Uhr gehe ich durch den noch dunklen Kreuzgang in die Kirche zum Chorgebet. Der Kreuzgang ist nicht irgendein Gang. Er trägt schon den Charakter des Heiligen. Der Kreuzgang als Quadrat erinnert mich an die Erde. Mitten auf der Erde schreiten wir dem Himmel zu. Im Kreuzgang sage ich Ja zu meinem Menschsein mit allen Höhen und Tiefen, mit aller Gegensätzlichkeit, an die mich das Kreuz erinnert. Aber im Kreuzgang erfahre ich auch das Heilige, das der Welt entzogen ist, über das die Welt keine Macht hat. Es ist ein abgegrenzter Bezirk, ein heiliger Bereich, in dem ich in Gottes heilende und liebende Gegenwart eintauche. Da hat die Welt mit ihren Erwartungen, mit ihren Terminen, mit dem Terror ihrer Ansprüche keine Macht über mich. Da kann ich schreiten im Bewusstsein innerer Freiheit und im Bewusstsein, einzutauchen in einen heiligen Raum, in dem ich selber heil werde und ganz.

Nach dem Chorgebet ziehen wir wieder durch den Kreuzgang. Mich hat während des Noviziats vor 40 Jahren beeindruckt, was unser Novizenmeister über das Schreiten durch den Kreuzgang nach den Gebetszeiten gesagt hat. Er meinte, wir sollten so durch den Kreuzgang gehen, als ob wir eine Schale tragen, in der sich im Gebet etwas Kostbares angesammelt hat. Und wir sollten so schreiten, dass wir diese kostbare Flüssigkeit nicht verschütten. Es ist also ein langsames Schreiten. Es lehrt mich, dass ich in mir etwas Wertvolles trage, dass ich Gott in mir trage. So ist dieses Schreiten selbst Gebet. Ich trage Gott durch diese Welt, die sich im Quadrat des Kreuzganges spiegelt. Das Quadrat ist Sinnbild der Erde und des Begrenzten. In ihm erfahre ich die eigene Begrenztheit und Enge. Doch mitten in dieser begrenzten Enge trage ich in mir den unbegrenzten und unendlichen Gott. So erfahre ich mitten in der Enge die Weite, mitten in der Begrenztheit den Gott, der alle Grenzen sprengt.

Zwischen der gesungenen Abendhore und dem Abendessen ist ein Zwischenraum von zehn Minuten. Da gehe ich durch den Kreuzgang und lasse das Gebet noch weiter in mir wirken. Es ist für mich keine Zeit des Wartens, sondern des bewussten Schreitens. Im langsamen Gehen gehe ich mich frei von aller

Enge und allen Bindungen. Ich gehe bewusst langsam und genieße es, in der Gegenwart Gottes zu wandeln. Manchmal bleibe ich vor Bildern stehen, die im Kreuzgang hängen. Vor allem ist es eine Mariendarstellung aus der Giottoschule. Sie wurde aus einer kleinen Kapelle in der Toskana abgenommen. Sie strahlt Geborgenheit und Wärme aus. Gerade wenn der Kreuzgang dunkel ist und nur dieses Marienbild beleuchtet wird, erahne ich mitten im Alltag mit seinen Sorgen und Problemen, dass Gottes zärtliche Gegenwart Heimat und Geborgenheit schenkt. Auch wenn ich tagsüber durch den Kreuzgang gehen muss, um zu einer Besprechung zu gehen, werde ich mitten in der Arbeit immer wieder an die heilende und liebende Nähe Gottes erinnert, die mir in dem zärtlichen Marienbild aufstrahlt.

Vor der Vesper und vor der Komplet versammeln wir uns im Kreuzgang zur Statio. Fünf Minuten vor der Gebetszeit läutet es. Wir ziehen die Kukullen an und stellen uns im Kreuzgang in zwei Reihen auf. Dabei haben wir die Kapuze über den Kopf gezogen, um uns zu sammeln und auf das Gebet vorzubereiten. Wir stürzen nicht einfach von der Arbeit in das Gebet. Wir halten im Stehen inne, um uns innerlich für das Gebet zu bereiten. Diese paar Minuten stilles Stehen sind für mich wie ein Freiraum, in dem ich aufatmen kann. Stille kommt ja von Stehenbleiben. Während der Arbeit musste ich viel gehen. Auch wenn ich im Büro saß, ging mein Verstand ständig hin und her. Jetzt stehe ich nicht nur äußerlich, sondern ich lasse auch die Gedanken zum Stillstand kommen, damit ich ganz im Augenblick bin. Wenn wir dann beim Glockenschlag in die Kirche ziehen, ist das langsame Schreiten schon Gebet. Mir fällt dabei oft der Psalmvers ein: »Welche Freude, da man mir sagte: Wir ziehen zum Haus des Herrn!« (Ps 122,1). Und auch die anderen Verse dieses Pilgerpsalmes kommen mir in den Sinn: »Erbittet für Jerusalem Frieden! Geborgen seien, die dich lieben! ... Wegen meiner Brüder und meiner Freunde will ich sagen: Friede sei mir dir!« (Ps 122,6.8). Wenn wir in die Kirche ziehen, ist es nicht unser Privatvergnügen, wir stehen vielmehr im Dienst der Menschen, die nicht mehr beten können, die innerlich zerrissen sind.

Das Schreiten durch den Kreuzgang erinnert mich immer auch an die Zerrissenheit der Menschen. Die vier Gänge des Kreuzgangs zeigen ja die vier Pole, die jeder Mensch in sich spürt: Himmel und Erde, Licht und Dunkel, Bewusstes und Unbewusstes, Männliches und Weibliches. Viele Menschen erfahren diese Gegensätze als etwas, das sie zerreißt. Im Abschreiten der Gegensätze versuche ich Ja zu sagen zu allem, was in mir ist. Aber ich schreite auch die Gegensätze dieser Welt ab, die kriegerischen Konflikte, die Kämpfe innerhalb der Gesellschaft, die Auseinandersetzungen in der Gemeinschaft. Im Abschreiten versuche ich, die Gegensätze zu integrieren. Das langsame Gehen durch alle Gegensätzlichkeit hindurch schenkt mir Hoffnung, dass Gott diese Gegensätze miteinander verbindet, so wie er sie im Tod Jesu Christi am Kreuz miteinander versöhnt hat.

In der Mitte des Kreuzganges liegt unser Kreuzgarten. In der Tradition wurde er oft als Paradiesesgarten bezeichnet. Das Paradies wurde ja als Garten gesehen, der nach vier Richtungen hin abgegrenzt war. Die Bibel hat diesen Pardiesesgarten noch mit anderen Bildern beschrieben. Da ist der Garten der Liebe, wie ihn das Hohelied beschreibt. Da ist der Garten der Auferstehung, in dem Maria von Magdala dem Auferstandenen begegnet. Aber es gibt auch den Garten des Verrats und den Garten der Angst in Getsemani. Alle diese Aspekte fallen mir ein, wenn ich im Kreuzgarten spazieren gehe. Da ist eine himmlische Ruhe. Da erahne ich etwas, dass mitten über der Erde der Himmel über uns aufgeht, dass wir mitten im Irdischen den Himmel in uns tragen. Das berühmte Wort des Angelus Silesius fällt mir ein: »Der Himmel ist in dir.«

Am Samstagabend wird bei uns nach der Vesper der Sonntag eingeläutet. Fünfzehn Minuten lang läuten alle Glocken der Abteikirche. Dabei schreiten wir durch den Kreuzgang. Wenn es das Wetter zulässt, gehe ich dabei gerne durch den Kreuzgarten. Da tönen die Glocken am lautesten. Sie erinnern mich an den himmlischen Klang, der sich in die vielen Klänge unserer Erde hineinmischt. Da wird für mich erfahrbar, was Martin Heidegger gesagt hat: »Hören führt zur Geborgenheit.« Wenn ich ganz im Hören bin, höre ich das Unhörbare. Und ich fühle mich dem Unhörbaren zugehörig. Ich fühle mich Gott zugehörig.

So sind es viele Erfahrungen, die ich jahraus jahrein mit dem Kreuzgang mache, verschieden je nach den Jahreszeiten, verschieden, ob am Morgen oder am Abend, ob bei hellem Tag oder in der Dämmerung. Immer übt der Kreuzgang auf mich eine eigenartige Faszination aus. Ich kann es nicht genau erklären, was es ist. Aber der Kreuzgang lässt mitten im Alltag etwas Numinoses hineinscheinen in mein Leben. Er öffnet den Himmel über der Erde. Er zeigt mir, dass mein Leben ein dauerndes Gehen ist, ein Abschreiten des Irdischen, um im Gehen das Himmlische zu erahnen. »Wohin denn gehen wir? – Immer nach Hause.« Dieser Satz des Novalis trifft wohl am besten die Erfahrung, die ich täglich mit dem Kreuzgang mache.

ERFAHRUNGEN DEUTEN

INNEHALTEN

**Erfahrung ist nicht das,
was Ihnen passiert,
sie ist vielmehr das,
was Sie mit dem tun,
was Ihnen passiert.**

Aldous Huxley

Erfahren – das deutsche Wort bedeutet ursprünglich »fahren, durchreisen«, dann »ein Land kennen lernen« und später »bewandert, klug«. Diese Wortentwicklung entspricht dem Entstehungsprozess menschlicher Erfahrung. Ich muss mich aufmachen, gewohnte Lebensbedingungen verlassen und mich öffnen für Neues. Nur, indem ich »ein Land durchreise«, trete ich mit ihm in Beziehung, erlebe es, lerne es kennen und – vorausgesetzt, ich setze mich mit dem Erlebten auseinander – sammle Erfahrungen, ich werde »er-fahren« und »bewandert«. Dieser Entwicklungsprozess gilt sowohl für eine reale Reise durch ein Land als auch für die Reise in meine »innere Seelenlandschaft«.

Will ich etwas erfahren, dann muss ich etwas wagen. Nur, wenn ich immer neu aufbreche, offen und aufmerksam, suchend und lernbereit, sammle ich neue Erfahrungen, setze mich mit ihnen auseinander und vergleiche sie mit dem, was ich bisher schon erlebt, erkannt und erfahren habe. Dabei frage ich mich immer neu: Was bedeutet das für mich? – denn »Erfahrung braucht Deutung« (Anselm Grün).

Erfahrungen können sehr unterschiedlich sein. Der Ethiker und Theologe Dietmar Mieth hat einmal in anderem Zusammenhang drei Erfahrungsperspektiven beschrieben, die mir helfen, über meine Wegerfahrungen nachzudenken.

(1) **Kontrasterfahrungen** erlebe ich in Situationen, in denen es Differenzen und Gegensätze gibt. Ich erfahre, »es geht« oder »es geht nicht«. Ich erlebe die Sichtweise der Beteiligten, die momentanen Stimmungslagen und Bedingungen, vorherrschende Wertvorstellungen, die Differenz zwischen An-

spruch und Wirklichkeit. Ich erlebe Kontrasterfahrungen aber auch häufig als etwas ganz Neues, das ich noch nicht gesehen, erlebt oder gehört habe.

- Wo erlebe/erlebte ich heute Kontrasterfahrungen? Mit welchen Gefühlen bin ich bzw. war ich beteiligt? Was bedeuten sie für mich?
- Kenne ich solche Kontrasterfahrungen – »es geht« bzw. »es geht nicht« – aus meinem Lebensalltag? Wie könnte ich damit in Zukunft umgehen?

(2) **Sinnerfahrungen** spüre ich in Situationen, in denen aus dem Suchen, der Spannung, der offenen Auseinandersetzung oder mithilfe kreativer Fähigkeiten etwas Gemeinsames wächst, und ich erlebe, dass »mir ein Licht aufgeht«, »mir etwas einleuchtet«, »mich etwas überzeugt«. Sinnmöglichkeiten werden sichtbar und fordern zum Handeln auf.

- Wann und wo erlebe ich (erlebte ich bisher) Sinnerfahrungen auf meinem Pilgerweg bzw. während dieser Tage? Welches »Licht«, welche »Erkenntnis« ist mir aufgegangen?
- Welche möglichen Folgerungen ergeben sich daraus für meinen Lebensalltag?

(3) **Motivationserfahrungen**, d.h. die Erfahrungen eines Sinns machen betroffen: »Es geht mich an« oder »es betrifft mich«. Ausflüchte sind nicht mehr zulässig. Die neue Erfahrung – geprüft und verglichen mit den bisherigen – motiviert zum Handeln.

- Welche Erfahrungen des heutigen Tages bzw. meines bisherigen Unterwegsseins motivieren mich, meine Lebensgestaltung zu ändern?
- Womit beginne ich?

Erfahrungen brauchen Deutung – der bisherigen und der neuen Erfahrungen. Zusammen sind sie wie ein Schatz, aus dessen Kraft ich mein Leben gestalten und verändern kann.

> Mit dem Himmelreich ist es wie mit einem Schatz,
> der in einem Acker vergraben war.
> Ein Mann entdeckte ihn, grub ihn aber wieder ein.
> Und in seiner Freude verkaufte er alles, was er besaß, und kaufte den Acker.

Matthäus 13,44

Der entdeckte Schatz

Als er entdeckte,
welche Schätze und Talente
in ihm selbst verborgen schlummerten,
ging er in seiner übergroßen Freude hin,
trennte sich von allem,
was er sich bisher antrainiert hatte,
und grub all seine Talente aus.

Immer wieder betrachtete er sie
und brachte sie zur Blüte -
womit er den Rest seiner Lebensjahre füllte.
Er war überrascht und hoch erfreut,
wie wunderbar einmalig und kostbar
doch seine Schätze waren.

Zeitweise empfand er dabei so viel Glück,
dass ihm zumute war,
als habe er ein Stück Himmel
in sich selbst entdeckt.

Klemens Nodewald

Vom Kranz der Legenden um die Gestalt des Jakobus

Erfahrung braucht Deutung, doch wir wissen auch, dass die Grenze zum Ausschmücken, Verkürzen oder einseitigen Manipulieren einer Information je nach Interessenlage des »Erzählers« fließend ist. Das gilt auch für die Entstehung von Legenden, wie sie überall, so auch um die Gestalt des Jakobus, entstanden sind.

Legenden, d.h. »der zu lesende Text« sind aus mündlich überlieferten Berichten entstanden und das nicht ohne einen Anlass. Die Häufigkeit ihrer Wiedergabe, geschichtliche Hintergründe, Erzählerinteressen und Sprachunterschiede formten aus einer Legende eine unglaubliche Geschichte, deren wahren Kern wir heute oft nicht oder kaum erkennen.

Legendär – und nach neutestamentlichen Aussagen unwahrscheinlich – ist auch das Wirken des Apostels Jakobus in Spanien nach dem Pfingstereignis. Es wird erzählt, er habe bei seiner Spanienmission wenig Erfolg gehabt und sei nach Judäa zurückgekehrt. Dort wurde er im Jahr 44 in Jerusalem enthauptet.

Auffindungslegende

Der Einsiedler Pelagius wohnt im Innern des Landes, nicht weit weg vom alten Bischofssitz Iria Flavia, der wenige Kilometer vom Meer entfernt im Westen der Iberischen Halbinsel lag. Pelagius bemerkte in der Gegend seltsame »luminarias« (schimmernde Lichter), später sprach man von Sternenanhäufungen, die einen bestimmten Ort auf Erden kennzeichneten.

Er benachrichtigte den Bischof Theodomirus. Dieser zog mit seinem Gefolge dorthin und fand unter »Marmorbögen« (sub arcis marmoricis) das Grab des Apostels Jakobus und seiner beiden Jünger. Das soll etwas 814 geschehen sein. König Alfons II. (789-842) baute darüber die erste Kirche.

Der Bericht vom Aufenthalt des Jakobus in Spanien beruft sich auf einen Hinweis des Hieronymus (4. Jahrhundert), dass die Apostelgemeinschaft die damals bekannte Welt unter sich zur Missionierung aufgeteilt habe. Dem Donnersohn sei Spanien zugeteilt worden. Dort sollte er das Evangelium verkünden und begraben werden. So berichtet Beatus von Liébana in seinen »Kommentaren zur Apokalypse«. Damit ist schon ein Hinweis auf das Grab des Apostels in Spanien gegeben, auch wenn dieses erst später entdeckt wurde.

Schon unter den Westgoten wurde Jakobus verehrt. Die Evangelisierung Spaniens durch ihn und seine Grablegung wird vom 6. Jahrhundert an bezeugt. König Reccared (der vom arianischen zum katholischen Glauben übertrat) nennt ihn 587 »einziger Schutzpatron Spaniens«, und das 3. Konzil von Toledo 589 fordert alle auf, die Santiagopilger zu schützen.

Eines der ältesten und wichtigsten Zeugnisse über die Verkündigung des Evangeliums in Spanien durch Jakobus stammt von Isidor von Sevilla und findet sich in seinem Werk »De ortu et obitu patrum« (Vom Leben und Sterben der Väter, Anfang des 7. Jahrhunderts). Dort heißt es: »Jakobus, der Sohn des Zebedäus und Bruder des Johannes, predigte das Evangelium in Spanien, in den westlichen Regionen und verbreitete das Licht seiner Predigt an den Grenzen der Welt. Er starb durch einen Schwertstreich des Tetrarchen Herodes. Er wurde in Archa Marmarica begraben«. (M. B. Lozano, Santiago de Compostela. Auf alten Wegen Europa neu entdecken, Innsbruck 1992, S. 29). Dieser Text vermischt biblische, historische und legendäre Überlieferung. Er weist auch auf die schon seit dem 5. Jahrhundert überlieferte Legende von der wundersamen Bekehrung des Zauberers Hermogenes, dessen Jünger Philetus und des Schriftgelehrten Josias hin, die letztlich zur Hinrichtung des Apostels führte. Daran schließt sich ein ganzer Kranz von Legenden um den Jakobus an. In einer wird auch vom Grab des Jakobus als »Arcis Marmoricis« erzählt, das durchaus mit der von Isidor verwendeten Bezeichnung identisch sein kann. Den vielfältigen Legendenkranz könnte man wie folgt ordnen und kennzeichnen:

- Wirkungslegenden (der Missionsversuch des Jakobus in Spanien, sein Wirken, sein Tod in Palästina).
- Überführungslegenden (mit dem Schiff, die Fahrt mit den wilden Stieren der Königin Lupa zu seinem Grab; die anderen Legendenstränge, wonach er ins Sinaikloster gebracht wurde; der Weg seines Leichnams über Mérida bis nach Iria Flavia).
- Auffindungslegenden (Lichterscheinung, vgl. S. 154).
- Interessenslegenden (Traum Karls des Großen, Maurentöter, Clavijo).
- Wallfahrtslegenden (Galgen- und Hühnerwunder in Santo Domingo de la Calzada, Esel des Jakobus, Jakobsmuschel).

Mit Legenden haben wir historisch aufgeklärten Zeitgenossen unsere Probleme. Alles nur Legende und damit nicht wahr? Wenn Sie sich schon jetzt damit beschäftigen wollen, dann lesen Sie weiter auf S. 165.

GOTT SUCHEN

INNEHALTEN

**Willst du Gott erkennen,
lerne vorher dich selber kennen.**
Evagrius Ponticus

Pilger sind Suchende. Nicht nur nach aktuellen Wegen, sondern sie fragen auch sich selbst: Was ist der Sinn meines Daseins? Wozu lebe ich? Brauche ich dazu Gott? Wo ist Gott? Hinter diesen Fragen stecken häufig belastende religiöse Erfahrungen, einengende Gottesvorstellungen und eine weit verbreitete Unsicherheit, aber auch eine tiefe Sehnsucht nach Angenommensein und Orientierung.

Gott suchen – wie? Wo? Wir sollen uns doch kein Bild von Gott machen. So haben wir es gelernt. Dennoch leben wir mit solchen Vorstellungen. Wir sind dabei in Gefahr, Gott mit unseren bildlichen Vorstellungen zu verwechseln und spüren zugleich, sie geben uns keine helfenden Antworten.

Evagrius Ponticus (4. Jahrhundert) zeigt uns einen Weg: Vor jeder Gotteserkenntnis steht die Selbsterkenntnis. Dieser Weg ist eine Suchbewegung. Sie beginnt bei mir selbst und in der Wirklichkeit des Alltags. Eine vielfach variierte Erzählung aus der orientalischen Tradition bestätigt diesen Ansatz.

Als Gott die Welt erschaffen hatte, stellte er sich die Frage, wo er sich selbst, die Urkraft der Schöpfung, hinbegeben sollte, damit der Mensch ihn nicht immer als Alibi für seine zerstörerischen Taten benutze. Vor allem aber, damit der Mensch lerne, seine Freiheit verantwortlich zu gebrauchen und seine Fähigkeiten zu entwickeln.

Gott und seine himmlischen Wesen berieten sich. Ein Engel machte den Vorschlag, Gott könne auf den höchsten Berg gehen, um sich dort zu verstecken. Gott meinte: »Es wird nicht lange dauern, dann finden sie mich dort.« Der zweite Engel sagte: »Verstecke dich in der Tiefe des Meeres«. Doch Gott erwiderte: »Ich kenne die Menschen, sie werden mich finden.« Ein Dritter rief: »Verstecke dich auf dem Mond oder einem der anderen Planeten.« Voll Zweifel antwortete Gott: »Sie werden mich finden«. Da meldete sich der Engel Michael: »Ich hab's. Verstecke dich im Herzen jedes Menschen. Er wird niemals daran denken, dort nach dir zu suchen.« Gott antwortete: »Ja, das werde ich tun. Wenn sie mich dort finden, dann sind sie gereift und auch innerlich mir ähnlich geworden.«

Der Weg zu Gott führt nicht über Ideale, die ich mir mache, nicht über kirchliche Dogmen und Regeln, sondern über meine persönlichen Gedanken und Leidenschaften, über meine Fähigkeiten und mein Versagen, meine Schwierigkeiten und Fehler. »Die Bibel stellt uns als Vorbilder des Glaubens nie perfekte und fehlerlose Menschen vor Augen, sondern gerade Menschen, die eine schwere Schuld auf sich geladen haben und aus der Tiefe heraus zu Gott geschrien haben.« (Anselm Grün, Spiritualität von unten, Münsterschwarzach 1994, S. 17).

Die Botschaft von Gottes Menschwerdung in Jesus von Nazareth im Stall von Bethlehem ist auch ein Zeichen dafür, dass wir bei uns selbst, in unserem Alltag mit der Suche beginnen müssen und nicht im »Palast des Königs Herodes« bzw. in unseren Idealvorstellungen. Wir können Gottes Dasein nicht beweisen, ihn aber über unsere Sinne in Erlebnissen und Begegnungen erfahren, unsere seelische Verfasstheit erkunden und das uns Widerfahrene deuten. Was gibt mir Hoffnung und Lebensmut? Was trägt mich in schwierigen Situationen? »Ich bin ein Sucher« (Günter Kunert) – Wo begegne ich Gott?

Du, hinter uns
hinter allem, was war
Kraft, die hervorbringt
die Leben will
Entfaltung

Du, in uns
in allem, was ist
Kraft, die durchdringt
die Reifung will
Verwandlung

Du, vor uns
vor allem, was wird
Kraft, die vorantreibt
die Liebe will
Vollendung

Lothar Zenetti

INFORMATIONEN

Der biblisch-geschichtliche Jakobus als Gott-Sucher

Jakobus der Ältere, der Sohn des Zebedäus und Bruder des Johannes – zu unterscheiden von Jakobus dem Jüngeren (der Sohn von Alphäus, vgl. Mt 10,3, und von Jakobus, dem Bruder des Herrn, der die Jerusalemer Christengemeinde nach dem Weggang von Petrus leitete) – gehörte von der ersten Stunde an zum »inneren Kreis« der Jesujünger. In der ersten Begegnung mit Jesus trifft ihn dessen Ruf:

»Als Jesus ein Stück weiterging, sah er Jakobus, den Sohn des Zebedäus, und seinen Bruder Johannes: Sie waren im Boot und richteten ihre Netze her. Sofort rief er sie an, und sie ließen ihren Vater Zebedäus mit all seinen Taglöhnern im Boot zurück und folgten Jesus nach« (Mk 1,19 f.).

Die Begegnung mit Jesus hat bei Jakobus zum richtigen Zeitpunkt seine Gedanken, seine innere Sehnsucht getroffen. Vielleicht schon etwas vorbereitet durch die Bußpredigt Johannes des Täufers, bekommt seine Sehnsucht Füße, und er bricht auf. Er verlässt den vertrauten Lebensalltag, ohne dass ihm eine Perspektive aufgezeigt und Sicherheit versprochen wird. Er ist und bleibt ein Suchender. Als solcher begreift er erst auf vielen Irr- und Umwegen seinen persönlichen Weg. Er muss sich erst selbst mit all seiner Leidenschaft, seinen Fehlern und Vorurteilen kennen lernen.

Ein Irrweg ist seine Vorstellung von »Gott als Strafgericht«. Als Jesus in einem samaritanischen Dorf eine Unterkunft wollte, nahmen ihn die Samariter »nicht auf, weil er auf dem Weg nach Jerusalem war. Als die Jünger Jakobus und Johannes das sahen, sagten sie: Herr, sollen wir befehlen, dass Feuer vom Himmel fällt und sie vernichtet? Da wandte er sich um und wies sie zurecht« (Lk 10,53 ff.).

Die »Donnersöhne«, »Boanerges« (Mk 3,17), wie die beiden Brüder auch genannt wurden, geraten in hellen Zorn über die anders denkenden Samariter. Sie fordern ein Strafgericht, doch Jesus weist sie zurecht. Intoleranz, Vergeltungsdenken und Gewalt haben keinen Platz in seinem Denken und Handeln, das in Liebe auch die einschließt, die ihn ablehnen. Gott von Mensch zu Mensch suchen, in der Begegnung und der Anteilnahme, die Isolation überwinden, das musste Jakobus in der Nachfolge Jesu erst langsam lernen.

Im Johannesevangelium wird Jakobus namentlich nicht erwähnt, in den anderen drei Evangelien immer in Verbindung mit seinem Bruder Johannes oder im Dreiklang Petrus, Johannes und Jakobus. Sie sind die Begleiter Jesu in Schlüsselsituationen, z.B. auf dem Berg Tabor (Mk 9,2/Lk 9,28), am Ölberg (Mk 14,33/Mt 26,37) oder bei der Auferweckung der Tochter des Jairus (Lk 8,51). Paulus nennt einen Jakobus als Zeugen der Auferstehung (1 Kor 15,7). Erst in der Apostelgeschichte wird Jakobus der Ältere unverwechselbar zum ersten Zeugen seines auferweckten Herrn unter den Aposteln, der den Märtyrertod stirbt. Unter König Herodes Agrippa I. wird er im Jahr 44 in Jerusalem enthauptet (Apg 12,2).

ANKOMMEN

INNEHALTEN

»Ich bin angekommen,
ich bin zu Hause
im Hier und Jetzt«

Thich Nhât Hanh

Das Ziel vor Augen, am Ziel ankommen – die letzten Schritte dieses Pilgertages, einer Etappenwanderung oder gar einer langen Pilgerreise nach Santiago de Compostela sind plötzlich so leicht. Die mühsamen, schnellen oder langsamen Schritte, die harten Straßen, nassen Schuhe, müden Füße, die Um- und Irrwege sind vergessen. Macht das die letzten Schritte so mühelos? Wohl ist es ein Unterschied, ob wir am Tagesziel ankommen und morgen in den Alltag zurückkehren oder ob wir am Ziel einer mehrtägigen Wanderung oder mehrwöchigen Pilgerwanderung ankommen – die Erfahrung der leichten Schritte bleibt. Doch wie wir bewusst aufgebrochen sind in den Tag bzw. unser Pilgern, so lohnt es sich auch, am Ende des Tages oder eines längeren Unterwegsseins das eigene Ankommen bewusst zu erleben. Dazu zwei Anregungen.

Ankommen am Tages- oder Etappenziel

Im Psalm 122 heißt es: »Ich freute mich, als man mir sagte: Zum Haus des Herrn will ich pilgern« (V 1). Diese Sehnsucht ist jetzt am Ziel. Ich bin angekommen. Auch wenn ich noch etwas »mitgenommen« aussehe, ich bin da und niemand kann mir die Erfahrungen des zurückgelegten Weges nehmen. Auch wenn das »Haus des Herrn« vielleicht nicht so prächtig ist, ich vielleicht an einem bescheidenen Ziel angekommen bin oder die Geschäftigkeit eines Wallfahrtrummels in aufdringlicher Weise die zentrale Botschaft des Jesus von Nazareth und seines Gottes verdeckt, suche ich mir einen möglichst ruhigen Platz. Ich beruhige meinen Atem, meine Gedanken, sitze still da, nehme mich wahr und frage mich:

- Worüber freue ich mich, was macht mich zufrieden, was bereitet mir Sorgen?
- Ich blicke zurück: Welche Begegnungen und Erfahrungen sind mir wichtig? Was will ich loslassen?
- Ich blicke zurück und danke für: Menschen, Begleiter/in, Gastfreundschaft, erfrischendes Wasser, die Blume am Wegrand, ein Gespräch ...

Ich bin da –
in diesem Raum,
auf diesem Platz,
in meinem Leib,
in meinem Atem.
Ich bin da vor Gott.
Ihm überlasse ich,
was mich bedrückt,
was mich freut.
Ich danke
für den Tag
für den Weg
für die Erfahrungen
mit mir,
mit anderen,
mit Gott.

Peter Müller

Ankommen in Santiago de Compostela

Nach einer langen Pilgerwanderung in Santiago ankommen – es überwiegen Freude, Stolz und tiefe Zufriedenheit. Je nach Tageszeit der Ankunft werden unterschiedliche Erfahrungen erzählt. Wie geht es mir?

Nach den letzten Schritten am frühen Morgen durch die engen Gassen – nur wenig belebt, die Stadt wacht gerade auf – stehe ich vor der Kathedrale auf der Plaza del Obradoiro. Ich genieße den Moment des Ankommens, indem ich – auf meinen Stab gestützt – dastehe und die barocke Fassade betrachte. Ich bin also da. Überraschend stelle ich fest, dass ich neben meiner Freude auch Wehmut und Trauer spüre. Das Ziel ist auch das Ende, es heißt Abschied nehmen von dieser Form des Pilgerns.

Mit diesen widersprüchlichen Gefühlen steige ich die Stufen hoch und betrete die Kathedrale. Am mächtigen und symbolträchtigen Pórtico de la Gloria des Meisters Mateo (12. Jahrhundert) begegnet mir zunächst in der mittleren Säule unten, kurz über dem Höllendrachen, mein eigenes Abbild: der Mensch, gefährdet durch seine Sünde, verstrickt in der Angst vor dem Verderben, aber auch hoffend auf Vergebung und Erlösung. Daraus wächst der Baum des Lebens, auch »Baum Jesse« genannt. Mein Blick führt über die Darstellungen auf diesem Wurzelstamm hinaus auf den sitzenden, fast entrückten Jakobus. Sitzend, mit einer Schriftrolle und dem Pilgerstab in Tau-Form, begrüßt er mich und andere Pilger/innen. Das Tau (T) symbolisiert ein Kreuz und gilt als Erlösungszeichen; für Jakobus das Zeichen der Vollendung seiner Lebenspilgerschaft. Er ist eingegangen in die Herrlichkeit seines Herrn und geleitet uns Pilger in das »Haus des Herrn« (Ps 122,1). Der thront über ihm als barmherziger Weltenrichter. Er zeigt die fünf Wunden seines Leidens und bekundet damit: »Ich kenne das Leiden dieser Welt. Ich bin ein menschenfreundlicher und gerechter Richter«.

Von ihm schweift mein Blick auf die weiteren Darstellungen dieses beeindruckenden Portikus und seine alt- und neutestamentlichen Gestalten. Ich will mich später damit ausführlicher beschäftigen (vgl. Peter Müller, Wer aufbricht kommt auch heim, Eschbach ^{2}2001, Seite 126 ff.) und vollziehe zwei Rituale. Ich lege meine Hand in den Wurzelstamm Jesse und deponiere still meine Wünsche in die – durch die Finger von Millionen Pilgern gegrabenen – fünf Löcher. Dann lege ich an der Rückseite des Portico meine Stirn auf die marmorne Stirn der kleinen Gestalt des Meisters Mateo. Seine Weisheit soll so auch mich begleiten. Nach diesen üblichen Pilgerritualen betrete ich die Kathedrale, ruhig stehend lasse ich den Raum auf mich wirken, setze mich in eine Kirchenbank, werde still, um mich zu erinnern, mich zu freuen, zu danken, zu beten.

Nach dem Besuch des Jakobsgrabes in der Krypta und der Statue des Apostels über dem Hochaltar, führt der Weg über die Puerta de las Platerias (Tor der Silberschmiede) zum Pilgerbüro. Hier erhalte ich – nach Vorlage meines Pilgerpasses – meine »Compostela« als äußeres Zeichen, ich war als Pilger unterwegs und bin angekommen. Damit ist diese Pilgerreise beendet. Doch nun beginnt der schwierigere Teil, die mir wichtig gewordenen Erkenntnisse und Erfahrungen im Lebensalltag zu verwirklichen. Ultreia! – Es geht weiter, denn der eigentliche Pilgerweg ist das Leben.

Ganz ruhig

alles fällt ab von mir
nichts ist mehr wichtig
ich bin da
und ich spür mich

Gedanken kommen und gehen
ich bin da
sie gehen durch mich hindurch
ich lasse los

ich horche und schaue
werde empfindsam für das Leben
ich bin da
und ahne dich

ich bin da
ich bin Leben
lebe den Augenblick
ich bin

vor dir
in dir
mit dir
aus dir

Andrea Schwarz

Legenden – Glaubenszeugnisse in Bildern

Um die Gestalt des Jakobus und entlang des Pilgerweges wurden viele Legenden erzählt (vgl. Erfahrungen deuten, S. 154 f.). Sind Legenden ohne Anlass entstanden oder steckt hinter jeder Legende – der unglaublichen Erzählung – ein wahrer Kern? Zumindest fällt es schwer, ihn zu erkennen. Legenden vermitteln keine historischen Tatsachen, und dennoch kann man historische Bezüge entdecken. Legenden liefern vorwiegend Bilder, in denen der Glaube von Menschen durchscheint und gestützt wird.

Den vielfältigen Legendenkranz um Jakobus und den Pilgerweg muss man vor dem Hintergrund der mittelalterlichen Lebensauffassung, -deutung und -weise sehen lernen. In diesem Lebens- und Weltverständnis erfuhr ein Mensch, der den Mensch gewordenen Sohn Gottes auf Erden erlebte, ein ungeheures Ansehen. Ihn zu verehren, sich ihm anzuvertrauen, ihn anzuflehen und seinem Zeugnis zu folgen, das ist eines der wesentlichen Anliegen der Pilger. Weiterhin dienten die Legenden der Erbauung und Motivation, z.B. zur Pilgerschaft, aber auch zum Kampf gegen das Böse im Menschen und gegen Menschen. So dienten manche Jakobuslegenden – vielleicht entstanden sie auch deshalb –, um politische Interessen zu fördern, z.B. dass Jakobus dem Kaiser Karl dem Großen erschienen sei (vgl. S. 111, »Jakobusweg als Sternenweg«).

Der Historiker Claudio Sánchez Albornoz benennt das leitende Interesse solcher Legenden eindeutig: »Der Glaube, in Compostela ruhe der Leichnam des Jüngers Christi, hatte gewaltige Folgen für die Geschichte Europas. Wahrscheinlich wurde der angebliche Fund des Leichnams des Jakobus ausgenutzt, um den mehr als schwierigen, ja fast unmöglichen Widerstand einer Hand voll wilder Bergbewohner aus den nördlichen Gebieten Spaniens gegen die riesige Macht des spanischen Sarazenenreichs zu entfachen ... Der Fund des Apostelgrabes war für die verängstigten Krieger aus dem Norden Spaniens wie ein Versprechen himmlischer Hilfe für ihre alljährliche harte Schlacht gegen die Sarazenen.« (Millán Bravo Lozano, Santiago di Compostella, Innsbruck/Wien 1992, S. 24 f.).

Die historisch-kritische Sichtweise ist die eine Seite. Doch was immer dabei entdeckt und erklärt wird, es bleibt die Tatsache: Die Jakobuslegenden hatten mehr Einfluss auf die Menschen als die verbürgte Geschichte. Für Legenden sind Fakten und Daten nebensächlich, und der Begriff »Wahrheit« erhält eine andere Bedeutung. Die Legende, das was zu lesen ist, kleidet in Worte und Bilder, was der gläubige Mensch im persönlichen Erleben oder auch in seinem grenzenlosen Vertrauen, z.B. zu Jakobus, wahrnimmt und mitteilen will. Legende ist gelebte menschliche Geschichte, die in die Zukunft wirkt. Die einen motiviert sie zum Handeln, andere lässt sie ihr Schicksal ertragen und wieder andere finden darin den Funken Hoffnung, nicht zu resignieren und neu zu beginnen.

HEIMKEHREN – DER EIGENTLICHE PILGERWEG IST DAS LEBEN

INNEHALTEN

»Die Entscheidungen
die wir treffen,
bestimmen,
was für ein Leben wir führen.«

Sergio Bambaren

Alles hat seine Zeit – auch die Heimkehr in den Alltag des Lebens. Ich breche auf, um heimzukehren. Es zieht mich etwas nach Hause, ich freue mich auf die eigenen vier Wände, das Vertraute, das an einem Ort Leben, meine Familie und die Bekannten, meinen Lebens-Raum.

Mit äußeren und inneren Erfahrungen, mit Erlebnissen und Begegnungen komme ich zurück an Orte, wo ich Bekannten begegne, wo ich arbeite, wo ich weiterleben möchte. Doch wie? Ich bin nicht mehr der Gleiche, als der ich aufgebrochen bin. Verwandelt kehre ich heim, sehe Altes neu, befreit von manchen Zwängen will ich mich neu auf meinen Lebensweg einlassen. Doch welcher ist der richtige Weg? Dazu folgende Geschichte:

Ein Schüler fragte seinen Lehrer: »Was ist der richtige Weg?« Der Meister erwiderte: »Der alltägliche Weg ist der richtige Weg«. Wiederum fragte der Schüler: »Kann man diesen Weg erlernen?« Der Meister sagte: »Je mehr du lernst, desto weiter kommst du vom Weg ab«. Darauf fragte der Schüler: »Wenn man dem Weg nicht durch Lernen näher kommen kann, wie kann man ihn erkennen?«

Da sprach der Meister zu ihm: Der Weg ist nichts Sichtbares und auch nichts Unsichtbares. Er ist nichts Erkennbares und auch nichts Unerkennbares. Suche ihn nicht, lerne ihn nicht, nenne ihn nicht! Sei weit und offen wie der Himmel, und du bist auf dem richtigen Weg.«

Zen-Geschichte (Quelle unbekannt)

Die Zen-Geschichte schlägt vor: »Sei weit und offen wie der Himmel, und du bist auf dem richtigen Weg.« Damit ist eine Basis gegeben, nicht mehr, aber auch nicht weniger. Doch welcher persönliche Weg ist für mich jetzt am Ende dieser Pilgertage oder dieser Pilgerwanderung der »richtige«? Was will ich aus den Erfahrungen und Gedanken meines Pilgerns in den Lebensalltag einbringen? Damit stoßen wir auf zentrale Lebensfragen: Wer bin ich nach diesem Pilgertag, nach dieser Pilgerwanderung? Wer möchte ich sein? Wie möchte ich mein zukünftiges Leben gestalten?

Sich orientieren heißt: Zunächst den eigenen Orientierungsbedarf wahrnehmen, erkennen, wo ich stehe und was ich will. Hilfreich ist dabei für mich ein Spruch von Sören Kierkegaard: »Leben kann man nur vorwärts, das Leben verstehen nur rückwärts.«

Ich beginne mit dem zweiten Teil des Spruches und frage mich zunächst:

- Welche Begegnungen, Gedanken und Erfahrungen bewahre ich aus diesem Pilgertag bzw. dieser kürzeren oder längeren Pilgerwanderung in mir?
- Was hat sich unterwegs in mir verändert?

Die Antworten auf diese Fragen brauchen vielleicht Zeit. Sie fallen nach dem Pilgertag auch anders aus als nach einer zwei- bis dreiwöchigen Pilgerwanderung. Doch wichtig ist es, innezuhalten und ehrlich die Gedanken, z.B. im Tagebuch, festzuhalten. Dann wende ich den Blick auf meinen zukünftigen »Pilgerweg im Lebensalltag«.

- Was will ich in meiner zukünftigen Lebensgestaltung beachten, lassen, verändern oder neu beginnen? Welcher ist mein erster konkreter Schritt dazu?
- Was braucht noch Zeit, um in mir zu wachsen und zu reifen? Wie halte ich mein Anliegen wach und unterstütze den Reifungsprozess?

Das Leben ist ein Weg – die Metapher mahnt uns: Sei auf der Hut, damit das Leben nicht an dir vorüberzieht, dich nicht überrollt und du mit Leib und Seele auf der Strecke bleibst, während du unterwegs bist auf den Wegen und Straßen des Lebens. Dein Pilgertag, deine Pilgerwanderung, hat dich reich beschenkt mit Erfahrungen. Bewahre sie, lebe sie, erneuere sie und bleibe ein achtsamer Pilger, denn der eigentliche Pilgerweg ist der Lebensalltag. Lebe ihn mit deinen Grenzen und Möglichkeiten. Dazu ein abschließender Wunsch:

Ich wünsche dir,
dass du dich nicht vom Lärm der Welt betäuben
oder von Stimmungen beeinflussen lässt,
sondern die Worte heraushörst,
die dir gut tun
und die leise nachtönen in dir.

Ich wünsche dir,
dass du in deinem Inneren
die Stimme erlauschst,
die dich aufhorchen und wahrnehmen lässt,
was heute deine Worte
und deinen Weg bestimmen will,
damit du im Einklang leben kannst
mit der Welt
und mit dir.

Christa Spilling-Nöker

Frohe Botschaft in vier Gestalten als Orientierung für den Lebensalltag

An vielen Kirchenportalen, aber auch in kleinen, mit Fresken (romanisch/frühgotisch) ausgemalten Kirchen begegnen wir häufig den vier Lebewesen, die den Thron von Christus, dem Weltenherrscher, umstellen. Vier Lebewesen – das erinnert an die Offenbarung des Johannes (Offb 4,7–9), in der diese beschrieben werden. Die »Viergestalt« (griech. Tetramorph) ordnet man gewöhnlich, der Meinung des Hieronymus folgend, als Symbole den Evangelisten zu: Mensch (Matthäus), Löwe (Markus), Stier (Lukas) und Adler (Johannes). Diese Deutung wurde in der Geschichte und Kunst mit tiefem Sinn unterlegt.

Doch der Ursprung der Viergestalt geht auf eine Vision des Propheten Ezechiel (Ez 1,5 ff.) zurück. Er schreibt: »Mitten darin erschien etwas wie vier Lebewesen ... Sie sahen aus wie Menschen. Jedes Lebewesen hatte vier Gesichter und vier Flügel ... Und ihre Gesichter sahen so aus: Ein Menschengesicht (blickte bei allen vier nach vorn), ein Löwengesicht bei allen vier nach rechts, ein Stiergesicht bei allen vier nach links und ein Adlergesicht bei allen vier (nach hinten).« Diese »Viergestalt« wird in der Regel im Portaltympanon in Verbindung mit Christus, dem Auferstandenen, dem Herrn der Zeit und ewigem Richter, dargestellt. Als Herr des Universums blickt er in alle Richtungen. Seine Herrschaft reicht bis an die »vier Enden der Welt«.

Noch eindeutiger wird es in einem lateinischen Evangeliar aus dem 14. Jahrhundert, das im Wesentlichen die Deutungen der »Viergestalt« des Irenäus von Lyon (2. Jahrhundert) und Gregors des Großen (6. Jahrhundert) wiederholt, gedeutet: »Diese vier Wesen versinnbildlichen Christus, den Herrn: Mensch ist er in der Geburt, Stier im Opfertod, Löwe in der Auferstehung, Adler durch die Himmelfahrt.« In genialer Kürze werden hier Natur, Kosmos und Heilsgeschehen verbunden und romanisches Christus- und Weltbild sichtbar.

Wenn im Laufe der Kunstentwicklung die Symbole immer mehr den Evangelisten zugerechnet wurden, dann wird über die Kunst eine weitere Deutung dem mittelalterlichen Menschen nahe gebracht. Der Weg zu Christus, dem Herrn der Zeit und ewigen Richter führt über die Evangelien. Sie berichten vom Wirken des Gottessohnes, seinen Tagen und seiner Botschaft. Wer sich daran orientiert, wird an seinem Lebensende in ihm einem barmherzigen und gerechten Richter begegnen.

Im Mittelalter waren die überwiegend leseunkundigen Christen auf die Darstellung ausgewählter Erzählungen aus den Evangelien in Kapitellen, Reliefs oder Wandgemälden und auf die Auslegung der Prediger angewiesen. Vieles wurde wörtlich und im historischen Sinn verstanden. Wir dagegen wissen heute, dass die Evangelien überwiegend engagierte Glaubenszeugnisse von Glaubenden sind.

Keine historischen Berichte, sondern von Anfang bis Ende wollen sie im Lichte der Auferweckung die gute, befreiende und froh machende Botschaft (evangelion) von Jesus als dem Messias, Christus und Herrn verkünden. Bekanntlich schreibt jeder Evangelist seine frohe Botschaft aus dem Kontext seiner Erfahrungen und für eine spezifische Christengemeinde, z.B. jüdische Christen (Matthäus) oder hellenistisches Publikum (Lukas). Diese Erkenntnisse sind für viele Christen heute befreiend, ermöglichen sie doch – neben der eigenen Lektüre – auch einen neuen Zugang zu den Texten. Als suchende Menschen fragen sie – bei aller Fremdheit mancher Texte und den Deutungshilfen, die sie brauchen – wer dieser Jesus für sie sei, was er ihnen heute zu sagen habe und wie sie seine Botschaft heute leben können.

Damit gilt für uns heute wie damals unter anderen Bedingungen: Die frohe Botschaft des Jesus von Nazareth in vier Gestaltungsformen bleibt die Orientierungsbasis für suchende Menschen und gläubige Christen auf dem Pilgerweg und im Lebensalltag. Die ehrliche Auseinandersetzung mit biblischen Texten – zu der auch in diesem Wegbegleiter immer wieder eingeladen wird – trägt dazu bei, mich mit meiner Lebensgeschichte zu versöhnen und lässt mich Orientierungszeichen für meine persönliche Lebenshaltung und Lebensgestaltung entdecken.

Anhang

Zitierte Literatur

Barrio Barrio, Julián, Pilgern im Geist und in der Wahrheit. Hirtenbrief des Erzbischofs von Santiago de Compostela zum Heiligen Jahr 1999

Betz, Otto, Labyrinth des Lebens, Freiburg, 1999

Fichtl, Friedemann, Der Teufel sitzt im Chorgestühl, Eschbach [4]2002

Grün, Anselm, Benedikt von Nursia, Münsterschwarzach 1979

ders. Auf dem Weg, Münsterschwarzach 1983

ders., Spiritualität von unten, Münsterschwarzach 1994

ders., Buch der Lebenskunst, Freiburg 2002

ders., Buch der Sehnsucht, Freiburg 2003

Halbfas, Hubertus, Der Sprung in den Brunnen, Düsseldorf [8]1988

Hagenmayer, Ulrich, Das Ziel ist der Weg, Stuttgart/Zürich 2003

Herbers, Klaus, »Wol auf sant Jakobs straßen!«, Pilgerfahrten und Zeugnisse des Jakobuskultes in Süddeutschland, Ostfildern 2002

Hofmann, Claudio, Achtsamkeit. Anleitung für ein sinnvolles Leben, Stuttgart 2002

Kast, Verena, Aufbrechen und Vertrauen, Freiburg 2001

Lozano, Millán Bravo, Santiago de Compostela. Auf alten Wegen Europa neu entdecken, Innsbruck/Wien 1992

Müller, Peter, Wer aufbricht, kommt auch heim. Vom Unterwegssein auf dem Jakobusweg, Eschbach [3]2001

Plötz, Robert, Via lactea: Die Milchstraße – Caminus Stellarum: Der Sternenweg. In: Sternenweg 8/1991

Stutz, Pierre, Licht in dunkelster Nacht, Münsterschwarzach 2000

Voss, Christine, Einfach weiterlaufen, in: Das Pilgern neu entdecken, Broschüre der evangelisch-reformierten und der römisch-katholischen Kirche des Kantons Zürich

Zink, Jörg, Die goldene Schnur, Anleitungen zu einem inneren Weg, Stuttgart 1999

Pilger-Wanderrouten-Führer

Deutsche Wege

Baierle, Erich u.a., Auf dem Jakobusweg von Würzburg über Rothenburg o.d.T. und Hohenberg nach Ulm. Wander- und Kulturführer, Uffenheim 1999

Breitenbach, Roland, Der unterfränkische Jakobusweg. Ein Pilgerführer. Schweinfurt 2001

Fleischer, Gerhilde (Hrsg.), 4 Hefte Jakobusweg, Ostfildern 1999-2001
Nürnberg – Ulm (2 Hefte)
Ulm – Bad Waldsee
Bad Waldsee – Konstanz

Eberhardt, Albert u.a. (Hrsg.), Den Spuren folgen. Der Jakobus-Pilgerweg von Horb nach Loßburg, Horb 1997

Klein, Kurt, Der Kinzigtäler Jakobusweg, Waldkirch 1994

Meyer, Wolfgang W., Jakobuswege: Württemberg, Baden, Franken, Schweiz, Tübingen 2000

Wipper, Heinrich, Jakobuswege – Wege der Jakobspilger im Rheinland. Bd. 1: In 8 Etappen von Wuppertal/Beyenburg nach Aachen; Bd. 2: In 11 Etappen von Köln nach Bonn über Trier nach Perl/Schengen

Schweizer Wege

Auf dem Weg gehen. Vom Bodensee zum Genfer See durchs Berner Oberland. Unterwegssein auf dem Jakobusweg, Hrsg. Volkswirtschaftskammer Berner Oberland, Interlaken, [2]2002

Blum, Jolanda, Jakobuswege durch die Schweiz, Thun 1998

Mathis, Hans Peter (Hrsg.), Pilgerwege der Schweiz: Schwabenweg Konstanz-Einsiedeln, Frauenfeld 1993

Teklenborg, Bert, Auf Jakobuswegen Schweiz-Savoyen-Rhône

Witschi, Peter, Wandern auf dem Jakobusweg. Vom Bodensee zum Vierwaldstättersee. Herisau 1998

Wege in Österreich

Lindenthal, Peter. Auf Jakobuswegen durch Österreich, Innsbruck/Wien 1999

Lindenthal, Peter Auf dem Jakobusweg durch Süd-Österreich, Slowenien und Südtirol, Innsbruck/Wien 2002

Französische und spanische Wege

Drouve, Andreas, Spanien per Rad, Jakobsweg – Galicien, Neuenhagen b. Berlin 1997.

Kasper, Michael, Jakobusweg. Outdoor TB. Kronshagen 5. überarbeitete Auflage 2001; ders. Vía de la Plata, Outdoor TB, Kronshagen 2003

Lozano, Millán Bravo, Praktischer Pilgerführer. Der Pilgerweg nach Santiago, León 1993 (Neuauflage 2002 mit Kartenset in Plastiktasche).

Raju, Alison/Münzenmeyer, Bernhard, Camino Mozárabe. Via de la Plata. Der Jakobsweg des Südens, Solingen 1999.

Wegner, Ulrich, Richtig wandern. Der spanische Jakobsweg, Köln 1992.

Wipper, Heinrich, Der Jakobsweg von Le Puy nach Cahors und zum Marienheiligtum Rocamadour (»via podiensis«, 1.Teil), Bonn 1992; ders. Der Jakobsweg von Cahors nach Roncesvalles (»via podiensis«, 2. Teil), Solingen 1999

Musik vom Pilgerweg

CD: Freiburger Spielleyt – Pilgerwege in Zusammenarbeit mit dem SWR, Verlag der SpielLeute 2000
CD: El Camino de Santiago. Antos de Peregrinacion. EMI-Classics Madrid 1999
CD: »auf Sankt Jacobs Straßen«, Schola Cantorum St. Foillan Aachen; ODHECATON. Ensemble für alte Musik Köln. Leitung: Willi Eschweiler 2002

Weitere ausgewählte Literatur

Barrio Barrio, Julián, Pilger aus Gnade. Das Heilige Compostelanische Jahr 2004. Pastoralbrief des Bischofs von Santiago de Compostela. Deutsche Fassung hrsg. von der Schwäbischen Jakobusgesellschaft Oberdischingen

Drouve, Andreas, Geheimnisse am Jakobusweg. Wundersame Legenden und mysteriöse Geschichten, Innsbruck-Wien 2003

Herbers, Klaus / Plötz, Robert (Hrsg.), Spiritualität des Pilgerns, Tübingen 1993

Höllhuber, Dietrich / Schäfke, Werner: Der spanische Jakobusweg. Landschaft, Geschichte und Kunst auf dem Weg nach Santiago de Compostela, Köln 1999

Lipp, Wolfgang, Der Weg nach Santiago. Jakobuswege in Süddeutschland, Ulm, 2. Aufl. 1997

Löw, Alfred, Unterwegs nach Santiago. Selbstfindung und Wandlung auf dem Jakobusweg, Werl 1998

Ohler, Norbert, Pilgerstab und Jakobsmuschel, Düsseldorf 2000

Stutz, Pierre, Verwundet bin ich und aufgehoben, München 2003

Hinweise und Kontaktadressen

Manfred Zentgraf: Verlag und Versandbuchhandel. Der Spezialist für den Jakobuspilger. In den Böden 38, D- 97332 Volkach, Telefon: 09381/4492; homepage: www.jakobus- pilger-zentgraf.de

Deutsche St. Jakobus-Gesellschaft e.V., Harscampstr. 20, D-52062 Aachen, Tel. 0241 / 4790-127. Dort auch weitere Informationen über die mittlerweile zahlreichen regionalen Jakobusgesellschaften in Deutschland.

Österreich: St. Jakobs Bruderschaft zur Förderung der Pilgerbewegung, Stangaustraße 7, A – 2392 Sulz im Wienerwald, Tel. 0043 – 2238 / 8270

Schweiz: Les Amis du Chemin de Saint-Jacques. Die Freunde des Jakobswegs, c.o. Route De Cugy 53, CH 1052 Le-Mont; p.A. Schützenstraße 19, CH 8702 Zollikon

Text- und Bildnachweis

S. 13: Rohrbach, Carmen, Jakobsweg – Wandern auf dem Himmelspfad, München 1991; Foto S. 13 und öfter: Brigitte Scholle, Oberschleißheim; S. 15, 27, 126, 140, 169; Spilling-Nöker, Christa, aus: Ich schenke dir ein gutes Wort, © Verlag am Eschbach der Schwabenverlag AG, Eschbach/Markgräferland 2002; S. 19, 137: Cruse, Joachim, Ent-decke dich. Bilder, die das Leben malt, Verl-Kaunitz 2002, S. 13, 49; S. 19: Fundort: Tworuschka, Udo (Hrsg), Himmel ist überall. Geschichten aus den Weltreligionen, Gütersloh 1985, S. 47; S. 21: Bambaren, Sergio, Der Traum des Leuchtturmwärters. © Piper Verlag GmbH München 2002, S. 80; S. 24: Peseschkian, Nossrat, Der Kaufmann und der Papagei, © Fischer Taschenbuch Verlag in der S. Fischer Verlag GmbH, Frankfurt am Main 1979, S. 75f; S. 27: Spilling-Nöker, Christa, aus: Finde deinen Weg. Geschichten und Gedichte zum Nachdenken, Jünger Medien Verlag, Offenbach/M. 1998, S. 7; S. 28: Hasler, Evelin, aus Sätzlinge, Gedichte © 2000 Nagel & Kimche, Zürich; S. 35: © Bächtold, Theo; S. 40: Ausländer, Rose, aus: Ich höre das Herz des Oleanders. Gedichte 1977–79, © S. Fischer Verlag GmbH, Frankfurt am Main 1984; S. 44: Neubauer, Hanni, Manchmal muss ich mich suchen gehen, aus: Religionspädagogische Praxis, Handreichung für elementare Religionspädagogik, Jhg. 1981 Nr. III, S. 2 »Zur Mitte kommen«; S. 56: © Ceelen, Petrus, Tamm; S. 59: Schwarz, Jürgen, Reisesegen, © Verlag am Eschbach; S. 68: Grün, Anselm, Bilder von Jesus, Münsterschwarzach 2001, S. 26-28; S. 78: Feigenwinter, Max, Einander Engel sein. Gedanken zur Weihnachtszeit © Verlag am Eschbach der Schwabenverlag AG, Eschbach/Markgräferland ^{2}2003; S. 82: Rotzetter, Anton, aus: Gott, der mich atmen lässt, © Verlag Herder, Freiburg ^{17}2002; S. 90: Zink, Jörg, Unter dem großen Bogen – Das Lied von Gott rings um die Erde © Kreuz Verlag, Stuttgart/Zürich 2001, S. 182; S. 92: © Stutz, Pierre, Lausanne; S. 97: © Steinwart, Anne, Steinheim; S. 114: Hug, Barbara und Hans, aus: Blätter, die das Jahr begleiten. Ein immer währender Kalender, © Kreuz Verlag, Stuttgart 1992, 4. August; S. 130: 13. Oosterhuis, Huub, aus: Du bist der Atem und die Glut, © Verlag Herder, Freiburg ^{4}1996; S. 144, 145: Müller, Peter, aus: Wer aufbricht, kommt auch heim. Vom Unterwegssein auf dem Jakobsweg, © Verlag am Eschbach der Schwabenverlag AG, Eschbach/Markgräferland ^{3}2001; S. 153: Nodewald, Klemens, aus: Applaus für den Zitronenfalter, © Verlag Herder, Freiburg ^{4}1996; S. 159: Zenetti, Lothar, aus: Auf seiner Spur. Topos plus 327, © Matthias-Grünewald-Verlag, Mainz ^{3}2003; S. 164: Schwarz, Andrea / Grün Anselm, aus: Und alles lassen, weil er mich lässt, © Verlag Herder, Freiburg ^{4}1996

Alle Fotos in diesem Buch stammen von Peter Müller, Rottweil

Einige Quellenangaben sind trotz Bemühungen des Verlags nicht oder nur ungenau möglich. Der Verlag ist für weiterführende Hinweise dankbar.